하루한장

초등
영어
신문

문화편

하루 한 장 초등 영어 신문 (문화편)

지은이 주니어헤럴드 · 넥서스영어교육연구소
펴낸이 임상진
펴낸곳 (주)넥서스

초판 1쇄 발행 2024년 7월 1일
초판 2쇄 발행 2024년 7월 5일

출판신고 1992년 4월 3일 제311-2002-2호
10880 경기도 파주시 지목로 5
Tel (02)330-5500 Fax (02)330-5555

ISBN 979-11-6683-836-1 63740

가격은 뒤표지에 있습니다.
잘못 만들어진 책은 구입처에서 바꾸어 드립니다.

www.nexusbook.com

하루한장
초등
영어
신문

문화편

주니어헤럴드 · 넥서스영어교육연구소 지음

넥서스

Preface

영어와 시사 상식을 함께 익히는 영어 신문 읽기

글로벌 시대에 국내 기사도 중요하지만 영어 기사를 이해하는 능력이 앞으로 더욱 요구될 것입니다. 영어 신문을 통해서 전 세계적인 소식을 더 빨리 습득한다면 그만큼 더 빨리 정보를 얻을 수 있습니다. 매일 급변하는 세상 속에서 일어나는 다양한 일들을 이해하고 알게 되는 것은 매우 중요한 일입니다. 이 책의 목적은 단순히 영어를 배우는 것을 넘어, 세계에 대한 호기심을 키우고, 다양한 문화에 대한 이해를 넓히는 것입니다. 다양한 나라의 문화, 역사, 생활 방식을 배우면서 여러분은 더욱 넓은 시야를 가질 수 있게 될 것입니다. 이는 여러분이 성장하면서 국제적인 감각을 기르고, 다양한 관점에서 세상을 바라보는 데 큰 도움이 될 것입니다.

기사를 쉽게 이해할 수 있는 체계적인 구성

영어 기사가 익숙하지 않은 여러분이 내용을 완전히 파악하는 것은 쉽지 않습니다. 생소한 단어 역시 많아서 읽는 것 자체가 어려울 수도 있습니다. 그럼에도 기사를 끝까지 읽으며, 기사 전반적인 내용의 흐름을 파악하는 연습을 해 보세요. 그리고 나서 하단에 정리되어 있는 단어를 통해 뜻을 확인하고, 기사를 다시 읽으며 내용을 이해하는 연습을 해 보세요. 마지막으로 각 기사마다 준비된 문제를 풀어 보면서 세부적인 부분까지 내용을 파악해 보세요. 이런 과정을 통해 여러분은 영어 실력뿐만 아니라 세상에 대한 이해도 함께 높아질 것입니다.

이 책을 통해 신문 기사를 접하며 세상에 대한 호기심을 마음껏 발휘해 보세요. 영어 실력과 시사 상식이 동시에 성장하는 것을 느낄 수 있을 것입니다. 새로운 세계를 탐험하고, 지식을 넓히는 즐거움을 느껴 보세요.

주니어헤럴드, 넥서스영어교육연구소

하루 한 장
초등 영어 신문
• 문화편 •

영어 신문 기사를 읽으며 문해력과 독해력을 동시에 키워 보세요.
국내 주요 문화 기사를 읽으며 문화 지식도 습득할 수 있습니다.

1

주니어헤럴드 영자 신문의
문화면 기사를
수록하였습니다.

2

Basic, Junior 레벨의
기사를 수록하여
쉽고 재미있게
읽을 수 있습니다.

3

기사를 좀 더 쉽게
이해할 수 있도록
지문에 수록된 어휘를
정리했습니다.

4

지문을 올바르게 이해했는지
리뷰 문제를 통해
확인할 수 있습니다.

5

지문의 원어민 MP3가 제공되어
언제 어디서든 들으며
지문의 이해도를
높일 수 있습니다.

6

모바일 보카 테스트가 제공되어
편리하게 어휘를
암기할 수 있습니다.

Features

**01 | BTS named 'ent[...]
magazine**

K-pop megastar BTS has been named t[...]
the US weekly said on Dec. 10.
"BTS isn't just the biggest K-pop a[...]
[...]nd in the world full stop," [...]
[...] releasing multi[...]

쉽고 흥미로운 주제

주니어헤럴드 문화면의
Basic, Junior 단계의 기사를
수록하여 쉽고 재미있게 읽으며
학습할 수 있습니다.

---

1 다음 중 이 글의 내용과 일치하지 않[...]

① BTS는 다수의 기록을 경신하고 있[...]
② BTS의 두 곡이 빌보드 메인 싱글 [...]
③ "Life goes on"은 발표 첫 주 이후[...]
④ BTS는 Grammy Award의 후보[...]
⑤ BTS 이전에 한국인 멤버로 구[...]

리뷰 문제

리뷰 문제를 통해 내용을
올바르게 이해했는지
확인해 볼 수 있습니다.

---

01 | BTS named 'entertainer of the year' by Time magazine

K-pop megastar BTS has been named the Time magazine "entertainer of the year,"
the US weekly said on Dec. 10.
"BTS isn't just the biggest K-pop act on the charts. They've become the biggest
band in the world full stop," the influential magazine said in a Twitter post.
"Between releasing multiple albums and breaking every type of record in 2020,
BTS ascended to the zenith of pop stardom," it added.
BTS had a record year with two of its songs "Dynamite" and "Life Goes On"
making top debuts on Billboard's main singles chart, the Hot 100. "Dynamite"
spent multiple weeks in the top two spots of the Billboard chart since its splashing
debut in late August, and is still ranked No. 10 on the Hot 100. "Life Goes On"
slipped to the 28th spot after climbing to the summit in the first week of its release.
The septet also won the Top Social Artist award at the Billboard Music Awards this
year, along with Favorite Duo or Group in Pop/Rock and the Favorite Social Artist
award at the American Music Awards. The group has also been nominated for the
Grammy Award for best pop duo/group performance.
The Grammy Awards ceremony will be held on Jan. 31, and if BTS wins, it will
become the first South Korean act to have won prizes in all three major US music
awards. The group has also become the first all-South Korean act to make it into
the top 10 on Billboard's Radio Songs Chart.

1 다음 중 이 글의 내용과 일치하지 않는 것은?

① BTS는 다수의 기록을 경신하고 있다.
② BTS의 두 곡이 빌보드 메인 싱글 차트에 진입했다.
③ "Life goes on"은 발표 첫 주 이후 차트에서 계속해서 정상을 유지하고 있다.
④ BTS는 Grammy Award의 후보에 올랐다.
⑤ BTS 이전에 한국인 멤버로 구성된 그룹이 빌보드 Radio Songs Chart에 진입한 적이 없다.

2 BTS가 Grammy Award에서 수상한다면 이것이 의미하는 바는 무엇인가?

① Grammy Award에서 두 부문을 동시에 수상한 첫 대한민국 그룹
② 미국 주요 3대 음악 시상식에서 수상한 첫 아시안 그룹
③ Grammy Award에서 수상한 첫 아시안 그룹
④ Grammy Award에서 수상한 모든 멤버가 한국인으로 구성된 첫 그룹
⑤ 미국의 주요 3대 음악 시상식에서 모두 수상한 첫 대한민국 그룹

3 다음 영영풀이에 해당하는 단어를 이 글에서 찾아 쓰시오.

a group of seven musicians or singers

_____

📖 **VOCA**

entertainer 연예인	megastar 대스타	act 가수	influential 영향력 있는
release 공개하다	multiple 여러 개의	ascend 오르다	zenith 절정
stardom 스타덤	add 덧붙이다	debut 데뷔	splashing 화려한
slip 미끄러지다	summit 정상	septet 7인조	nominate 지명하다
performance 공연	major 주요한		

14 Chapter 1

15

📖 **VOCA**

entertainer 연예인	megastar 대스타
release 공개하다	multiple 여러 개의
stardom 스타덤	add 덧붙이다
slip 미끄러지다	summit 정상
performance 공연	major 주요한

주요 어휘

지문의 이해를 돕는 주요 어휘들을
정리했습니다.

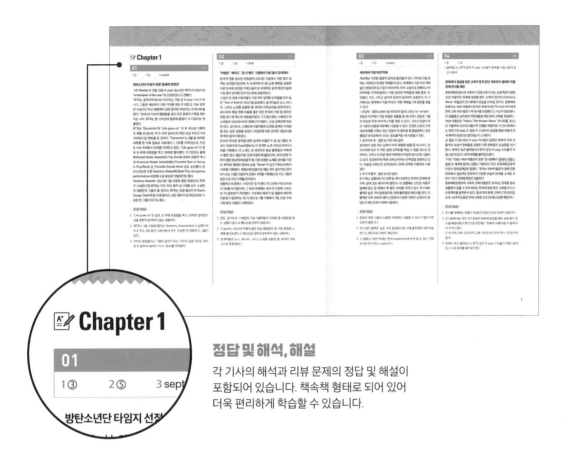

정답 및 해석, 해설

각 기사의 해석과 리뷰 문제의 정답 및 해설이
포함되어 있습니다. 책속책 형태로 되어 있어
더욱 편리하게 학습할 수 있습니다.

MP3 및 모바일 보카 테스트 제공

지문의 원어민 MP3가 제공되어 언제 어디서든 들을
수 있습니다. 또한 모바일 보카 테스트로 편리하게
단어 테스트를 이용할 수 있습니다. QR코드 또는
넥서스북 홈페이지에서 이용 가능합니다.

>> 도서 문의는 넥서스 홈페이지 **고객센터 > 온라인 문의 게시판**을 이용하세요.

Contents

Chapter 1

01 | BTS named 'entertainer of the year' by Time magazine

K-pop megastar BTS has been named the Time magazine "entertainer of the year," the US weekly said on Dec. 10.

"BTS isn't just the biggest K-pop act on the charts. They've become the biggest band in the world full stop," the influential magazine said in a Twitter post. "Between releasing multiple albums and breaking every type of record in 2020, BTS ascended to the zenith of pop stardom," it added.

BTS had a record year with two of its songs "Dynamite" and "Life Goes On" making top debuts on Billboard's main singles chart, the Hot 100. "Dynamite" spent multiple weeks in the top two spots of the Billboard chart since its splashing debut in late August, and is still ranked No. 10 on the Hot 100. "Life Goes On" slipped to the 28th spot after climbing to the summit in the first week of its release. The septet also won the Top Social Artist award at the Billboard Music Awards this year, along with Favorite Duo or Group in Pop/Rock and the Favorite Social Artist award at the American Music Awards. The group has also been nominated for the Grammy Award for best pop duo/group performance.

The Grammy Awards ceremony will be held on Jan. 31, and if BTS wins, it will become the first South Korean act to have won prizes in all three major US music awards. The group has also become the first all-South Korean act to make it into the top 10 on Billboard's Radio Songs Chart.

정답 및 해설 p.2

1 다음 중 이 글의 내용과 일치하지 <u>않는</u> 것은?

① BTS는 다수의 기록을 경신하고 있다.

② BTS의 두 곡이 빌보드 메인 싱글 차트에 진입했다.

③ "Life goes on"은 발표 첫 주 이후 차트에서 계속해서 정상을 유지하고 있다.

④ BTS는 Grammy Award의 후보에 올랐다.

⑤ BTS 이전에 한국인 멤버로 구성된 그룹이 빌보드 Radio Songs Chart에 진입한 적이 없다.

2 BTS가 Grammy Award에서 수상한다면 이것이 의미하는 바는 무엇인가?

① Grammy Award에서 두 부문을 동시에 수상한 첫 대한민국 그룹

② 미국 주요 3대 음악 시상식에서 수상한 첫 아시안 그룹

③ Grammy Award에서 수상한 첫 아시안 그룹

④ Grammy Award에서 수상한 모든 멤버가 한국인으로 구성된 첫 그룹

⑤ 미국의 주요 3대 음악 시상식에서 모두 수상한 첫 대한민국 그룹

3 다음 영영풀이에 해당하는 단어를 이 글에서 찾아 쓰시오.

> a group of seven musicians or singers

_____

📖 **VOCA**

entertainer 연예인	megastar 대스타	act 가수	influential 영향력 있는
release 공개하다	multiple 여러 개의	ascend 오르다	zenith 절정
stardom 스타덤	add 덧붙이다	debut 데뷔	splashing 화려한
slip 미끄러지다	summit 정상	septet 7인조	nominate 지명하다
performance 공연	major 주요한		

02 | 'Bibimbap,' 'Cupid,' 'King the Land' among the most searched on Google

Korea's traditional dish bibimbap was the most-searched recipe on Google in 2023, while several other Korean content-related keywords, include K-dramas and K-pop song titles, were included in the global search engine's top search list for this year.

Google announced its "Year in Search 2023," a roundup of words most frequently searched by its users across the globe. Search words were sorted into 18 categories that included news, recipes and songs. Topping the list for recipes was bibimbap, one of Korea's most well-known traditional dishes. It was followed by Spanish espeto and Indonesian papeda. According to Google Trends, users from India, Singapore and Sweden showed a high propensity of searching for bibimbap among recipes. Bibimbap searches surged particularly in May and September.

Among the other notable inclusions from Korea was K-pop girl group Fifty Fifty's "Cupid," ranking fifth in the song category. The song trended as it sparked a short-form dance challenge on the global video platform TikTok, and ranked as the world's most popular song as the platform's short-form video background music in 2023. BTS member Jungkook's single "Seven" was ranked 10th in the same category. The official music video for the song uploaded on YouTube had 300 million views as of December 12, just under five months after it was initially posted in July.

The Netflix romance series "King the Land" ranked fifth in the drama category, followed by the revenge drama series "The Glory." "King the Land," starring singer-turned-actors Im Yoon-Ah and Lee Jun-ho, was the most-seen Netflix series for the week of July 17-July 23.

1 다음 중 비빔밥 요리법을 많이 검색하는 나라로 언급된 것은?

① 스페인　　② 인도네시아　　③ 인도　　④ 한국　　⑤ 일본

2 다음 글의 내용과 일치하지 <u>않는</u> 것은?

① 스페인과 인도네시아의 음식도 요리법 검색 순위에 올랐다.

② 비빔밥에 대한 검색은 5월과 9월에 많이 이뤄졌다.

③ K-pop 노래 'Cupid'는 유튜브를 통해 트렌드에 올랐다.

④ 정국의 노래 'Seven'의 뮤직비디오는 유튜브에서 큰 인기를 얻었다.

⑤ 드라마 영역에서는 '킹 더 랜드'와 '더 글로리'가 순위권에 올랐다.

3 "Year in Search 2023"은 검색어들을 몇 개의 카테고리로 분류하였는가?

_____

📖 **VOCA**

search 검색하다	several 여럿의	content-related 콘텐츠 관련의	title 제목
include 포함하다	announce 발표하다	roundup 종합, 요약	frequently 자주
sort 분류하다	category 카테고리, 분류	recipe 요리법, 레시피	traditional 전통의
dish 음식	propensity 성향	particularly 특히	notable 눈에 띄는
inclusion 포함	trend 유행하다	official 공식적인	revenge 복수

03 | The most expensive liquids in the world

There are many different kinds of expensive products in the world. Among such products, there are also various and rare liquids. The world's most expensive liquids are limited and hard to get, and are offered in small packages but sold at enormous prices. Examples of costly liquids include blood, insulin, mercury, and even printer ink. Here are the three most expensive and rare liquids in the world.

1. Scorpion venom – $39 million per gallon (around $7,000 to $8,000 per gram)

The scorpion is one of the most dangerous creatures on Earth. Scorpions used their venom to fight or kill their enemies. However, their venom can be used to treat brain tumors in humans. Instead of causing harm to healthy nerve and muscle cells, parts of their venom, such as chlorotoxin, can be used to block signals from cancer cells.

2. King Cobra venom – $153,000 per gallon

King cobras are also one of the deadliest animals on Earth. The king cobra's venom is strong enough to kill a full-grown elephant. However, this venom is used in many different ways in modern medicine. The venom contains a protein known as ohanin. Today, ohanin is used as a painkiller that is twenty times stronger than morphine.

3. Horseshoe Crab blood – $60k per gallon

Horseshoe crabs are living fossils because they have existed for more than 450 million years, even longer than dinosaurs. The creature has a tough exoskeleton body and a tail from its protruding back. Their blood is an opaque-blue color due to its high copper content. It is very expensive and used in the pharmaceutical industry to test various medical products to ensure there aren't any contaminations.

horseshoe crab 투구게

1 이 글에 따르면 전갈의 독은 어떻게 쓰이는가?

① 마취제로 쓰인다.

② 뇌종양을 치료하는 데 쓰인다.

③ 강력한 진통제로 쓰인다.

④ 제약 산업에서 약제가 오염되지 않았는지 테스트하는 데 쓰인다.

⑤ 임상 실험을 위해 쓰인다.

2 이 글에 따르면 투구게의 혈액이 불투명한 파란색을 띠는 이유는 무엇인가?

① 구리 함유량이 높기 때문에

② 오하닌이라는 단백질을 포함하고 있기 때문에

③ 납 성분이 함유되어 있기 때문에

④ 독 성분이 너무 강하기 때문에

⑤ 클로로톡신을 함유하고 있기 때문에

3 밑줄 친 expensive와 바꿔 쓸 수 있는 말을 이 글에서 찾아 한 단어로 쓰시오.

_____

📖 VOCA

liquid 액체	scorpion 전갈	venom 독	gallon 갤런 (3.8리터)
creature 생물	treat 치료하다	brain 뇌	tumor 종양
instead of ~대신에	cause 일으키다	harm 해, 손상	nerve 신경
muscle cell 근육 세포	chlorotoxin 클로로톡신	block 막다	signal 신호
cancer cell 암 세포	deadliest 치명적인	full-grown 다 자란	contain 포함하다
protein 단백질	painkiller 진통제	morphine 모르핀	fossil 화석
exist 존재하다	tough 단단한	exoskeleton 외골격	protruding 돌출된
opaque 불투명한	copper 구리	content 내용물, 함유물	pharmaceutical 제약의
industry 산업	various 많은	medical 의학의	ensure 보장하다
contamination 오염			

17

04 | Hanbok school uniforms to be shown at V&A Museum in London

Hanbok-inspired school uniforms, created as part of a project led jointly by the Culture Ministry and the Ministry of Education, will be shown in an exhibition at London's Victoria & Albert Museum. The Culture Ministry said last week that it had delivered a number of hanbok uniforms and a certificate of donation to Rosalie Kim, curator of the Korean Gallery at the V&A Museum. The samples include hanbok uniforms for boys and girls.

The V&A Museum plans to hold its "Hallyu! The Korean Wave" exhibition from November 2022 to June 2023, introducing how the Korean Wave became a global phenomenon through the success of K-pop, Korean films and TV dramas.

The upcoming exhibition will also feature other hanbok looks, including those worn by K-pop stars and more traditional forms of hanbok, too. Hanbok has recently been creating a buzz with K-pop stars such as Blackpink and BTS sporting hanbok styles.

"It is a great opportunity to introduce _____ to the world at an exhibition on Hallyu at the V&A Museum," said the Culture Ministry's cultural policy officer Lee Jin-sik. "We will work with the museum to introduce various forms of hanbok, from traditional hanbok to daily hanbok."

The Culture Ministry, Ministry of Education and Hanbok Advancement Center launched the hanbok-inspired school uniforms project in 2019 to promote wearing hanbok in everyday life. Eighty-one hanbok uniform looks have been designed, with some 34 schools to adopt hanbok uniforms in 2022.

Culture Ministry 문화부
Ministry of Education 교육부

1 다음 중 밑줄 친 "Hallyu! The Korean Wave"에 관해 언급되지 <u>않은</u> 것은?

① 전시 장소

② 전시 목록

③ 전시 기간

④ 전시 예매 방법

⑤ 전시 개최 의미

2 이 글의 빈칸에 들어갈 말로 가장 적절한 것은?

① Korean school uniforms

② Korean education

③ the beauty of hanbok

④ the history of Korean clothes

⑤ Korean food

3 최근에 한복이 화제가 되는 이유가 무엇인지 우리말로 쓰시오.

_____

📖 **VOCA**

school uniform 교복	inspired 영감을 받은	create 창조하다	project 프로젝트
jointly 합동으로	exhibition 전시회	deliver 전달하다	certificate 증서
donation 기증	introduce 소개하다	global 세계적인	phenomenon 현상
feature 특징으로 하다	traditional 전통적인	form 형태	create a buzz 화제를 불러일으키다
sport 자랑스럽게 입다	opportunity 기회	policy 정책	various 다양한
daily 일상의	launch 시작하다	promote 홍보하다	adopt 채택하다

05 | BTS has the most loyal fans: survey

K-pop phenomenon BTS surpassed other global megastars like Taylor Swift and Elton John in terms of fan loyalty, a survey showed.

BTS' global fandom, known as Army, scored 88.4 points out of 100 in a survey conducted by the US-based travel company Upgraded Points on 3,192 American fans of 10 artists – BTS, Michael Jackson, Elton John, Lady Gaga, Taylor Swift, Queen, Lana Del Ray, Beyonce, Eminem and Harry Styles. The survey measured how loyal they are to their beloved music artists through a set of "yes" or "no" and short-answer questions.

Among the questions are "How far would you travel to see your favorite band's live performances?," "How much will you spend to meet your star in person?" and "How much of your savings would you spend to see your favorite artist live?" By adding up the marks given for each answer, the company calculated the loyalty score of each fan base on a 0-100 scale.

BTS' Army ranked first among the 10 surveyed fan bases followed by those of Michael Jackson (76.8 points), Elton John (66.4 points), Lady Gaga (63.3 points), Taylor Swift (60 points), Queen (55.8 points), Lana Del Ray (52.7 points), Beyonce (51.8 points), Eminem (50.8 points) and Harry Styles (40 points). The survey found that BTS fans were willing to travel an average of 2,040 miles to see them in concert. The average amount of money they would pay for concert tickets to watch their performance was 660,000 won ($379).

In the survey, the company described BTS as "K-pop boy band that rose to fame in 2015 and has loyal fans all over the globe." Last month, more than 400,000 BTS fans from home and abroad flocked to the K-pop superband's 10th anniversary

event, "2023 BTS Festa," which <u>took place</u> at Yeouido Hangang Park in Seoul between May 31-June 17. Of the total, about 120,000 visitors were foreign fans, according to Hybe, the company behind BTS.

1 다음 중 설문조사에 언급되지 <u>않은</u> 가수는?

① Elton John

② Bruno Mars

③ Eminem

④ Beyonce

⑤ Lady Gaga

2 이 글의 밑줄 친 <u>took place</u>와 바꿔 쓸 수 있는 것으로 가장 적절한 것은?

① was held

② located

③ gathered

④ started

⑤ resided

3 설문조사 결과, BTS의 공연을 보기 위해 팬들이 지불할 의향이 있다고 답한 티켓의 평균 가격은 얼마인가?

_____

📖 **VOCA**

loyal 충성스러운	phenomenon 현상	surpass 초과하다	global 세계적인
megastar 초대형 스타	in terms of ~면에서	survey 설문조사(를 하다)	fandom 팬덤
score 점수(를 얻다)	conduct 행하다	measure 측정하다	beloved 사랑하는
far 멀리	live performance 라이브 공연	in person 직접, 대면으로	saving 저축
add up 합산하다	calculate 계산하다	base 바탕, 기본	scale 척도, 기준
rank 순위를 차지하다	willing to 기꺼이 ~하다	describe 묘사하다	fame 명성
flock 몰려들다	anniversary 기념일	take place 열리다	

Chapter 2

01 | Walking tour of Gwanghwamun Square, Cheong Wa Dae

The city of Seoul and the Seoul Tourism Organization have added new routes on the "Seoul Guided Walking Tour" program starting August 9. The three new courses are the "Gyeongbokgung Stonewall Walkway and Cheong Wa Dae Course," the "Gwanghwamun Square Course" and the "Yulgok-ro Palace Wall Road Course."

Each walking tour involves a narration about the site's history by professional tour guides, as well as an introduction of popular spots such as museums and galleries in the area.

The two-hour-long "Gyeongbokgung Stonewall Walkway and Cheong Wa Dae Course" takes visitors from Gyeongbokgung to Cheong Wa Dae, along with an explanation about the 600 years of history in the area. The "Gwanghwamun Square Course" centers around newly reopened Gwanghwamun Square, and explains the city of Seoul's plan to turn the capital into an ecological and cultural city. The 2.5-kilometer course takes about 2 hours and 30 minutes to complete. Starting in September, an hourlong nighttime tour of the square will also be available. The program's nighttime tours operate until the end of October. The "Yulgok-ro Palace Wall Road Course" explores Changgyeonggung and Jongmyo before coming to an end at the hanok village in Ikseon-dong.

Walking tours are available at 10 a.m. and 2 p.m. on weekdays and at 10 a.m., 2 p.m. and 3 p.m. on weekends. Each session can accommodate up to 10 participants. The tour is provided in eight languages – Korean, English, Chinese, Japanese, Vietnamese, Malay, Indonesian and Thai. Reservations can be made online through the STO's VisitSeoul website.

1 다음 중 '광화문 광장' 코스의 소요 시간으로 가장 적절한 것은?

① 1시간
② 1시간 30분
③ 2시간
④ 2시간 30분
⑤ 3시간

2 다음 중 도보 관광에서 제공되는 언어가 <u>아닌</u> 것은?

① 영어 　　② 베트남어 　　③ 프랑스어 　　④ 중국어 　　⑤ 말레이시아어

3 각 도보 관광 코스가 수용할 수 있는 참가자의 수는 몇 명인가?

_____

📖 VOCA

route 루트, 길	involve 포함하다	narration 내레이션	professional 전문적인
introduction 안내	popular 인기 있는	spot 장소	museum 박물관
gallery 갤러리	area 지역	explanation 설명	explain 설명하다
capital 수도	ecological 환경 친화적인	cultural 문화의	complete 마치다
available 이용 가능한	explore 탐구하다	weekdays 평일	weekend 주말
session 시간	accommodate 수용하다	participant 참가자	provide 제공하다
language 언어	reservation 예약		

02 | Blue House state reception hall, media center open for public viewing

Two buildings of Cheong Wa Dae – Yeongbingwan, the state reception hall, and Chunchugwan, the media center – are now open for public viewing. The two buildings at the former presidential office opened to the public starting on May 23, according to the Cultural Heritage Administration. The CHA has set up a Cheong Wa Dae Public Open Service Team to operate tours, manage and maintain the Cheong Wa Dae grounds and buildings.

Stepping into Yeongbingwan, visitors can learn about the history of the state reception hall. At Chunchugwan, visitors can look around the press briefing room, _____ former administrations announced policics and pose for photos at the spokesperson photo zone.

The number of visitors to Cheong Wa Dae totaled 377,888 in the 13 days it was open to the public, from May 10 to May 22. More than 5 million people have applied for a tour so far, according to the CHA. The public opening, which was initially scheduled to run through on May 22, has been extended to June 11, but the CHA expects the opening continues through the end of the year, according to the CHA official.

The CHA team's main tasks include handling visitor reservations, managing facilities, planning cultural events, developing viewing courses and operating guided tour programs. The CHA official said that an online reservation system solely for the purpose of Cheong Wa Dae visits is being developed. At the moment, reservations can be made through Naver, Kakao and Toss.

Cultural Heritage Administration 문화재청

1 다음 중 글의 내용과 일치하지 <u>않는</u> 것은?

① 청와대의 영빈관은 연회장으로 쓰이던 곳이다.

② 춘추관에는 사진을 찍을 수 있는 포토존이 마련되어 있다.

③ 청와대를 방문한 방문객 수는 13일 동안 37만 명을 넘어섰다.

④ 청와대 공개 일정은 5월 22일까지이다.

⑤ 문화재청은 청와대 방문 온라인 예약을 위한 시스템을 개발 중이다.

2 이 글의 빈칸에 들어갈 말로 가장 적절한 것은?

① where   ② when   ③ what   ④ which   ⑤ how

3 지금까지 청와대 관람을 예약한 사람은 몇 명인지 우리말로 쓰시오.

_____

📖 **VOCA**

state 국가의
former 이전의
maintain 유지하다
pose 포즈를 취하다
task 업무
purpose 목적

reception hall 연회장
presidential 대통령의
press 언론
spokesperson 대변인
facility 시설

public 대중
operate 운영하다
administration 정부
apply 신청하다
cultural event 문화행사

media center 미디어센터
manage 관리하다
policy 정책
extend 연장하다
solely 단지

03 | Paramount+, HBO Max set to launch services in S. Korea

As new American players like Paramount+ and HBO Max are set to start their services in South Korea later this year, competition is expected to intensify in the local streaming service market. US media giant Paramount Global said earlier this month that Paramount+, its subscription-based video streaming service, will land in South Korea next month in partnership with Tving, a local online video-on-demand platform run by CJ ENM. Its original and library content from Paramount Pictures and CBS like the "Star Trek" series will be made available for Tving users next month.

Paramount+ will be the fourth global streaming service provider operating in South Korea, following Netflix, Disney+, the content streaming service from Walt Disney Co. and Apple TV+, the subscription-based streaming service of tech titan Apple. Warner Bros. Discovery's HBO Max is expected to be the next entity to launch its Korean service later this year. The company hasn't elaborated on the exact timing of its plan for its Korean operation, but it has embarked on the production of a Brazilian film about a K-pop boy group, titled "Beyond The Wardrobe." The movie, scheduled to be released in the first half of next year, features a teenage girl in Sao Paulo, Brazil, who finds a portal in a closet and meets a K-pop idol in Seoul through it.

Experts noted that the recent move of global media giants is attributable to the rising reputation of South Korea as a content hub in the populous Asian region for its globally popular cultural content like K-pop, TV series and films. "In the global market, Korean creators have well proven their 품질 좋은 콘텐츠를 생산하는 능력," said culture critic Jeong Deok-hyeon. "The global streamers enter the South Korean market in a way to cooperate with Korean productions."

1 Paramount+는 한국에서 활동하는 몇 번째 세계적 스트리밍 서비스인가?

　① 첫 번째　　② 두 번째　　③ 세 번째　　④ 네 번째　　⑤ 다섯 번째

2 다음 중 이 글에서 언급되지 <u>않은</u> 것은?

　① Paramount+의 파트너십 기업
　② 한국에서 서비스 중인 글로벌 스트리밍 서비스의 종류
　③ HBO Max의 새 영화 줄거리
　④ HBO Max의 한국 서비스 개시일
　⑤ 글로벌 스트리밍 서비스사들의 한국 시장 진출 이유

3 이 글의 밑줄 친 우리말과 같은 뜻이 되도록 주어진 단어를 알맞게 배열하시오.

(content, produce, to, ability, quality)

_____

📖 VOCA

launch 시작하다	competition 경쟁	expect 기대하다	intensify 심해지다
local 국내의	subscription-based 구독 기반의	available 이용 가능한	provider 제공자
tech 기술	titan 거물	entity 독립체	elaborate 자세히 말하다
exact 정확한	embark on 착수하다	schedule 계획하다	feature (특별) 출연하다
portal 포털, 입구	expert 전문가	note 주목하다	recent 최근의
attributable ~에 기인하는	reputation 명성	hub 중심	populous 인구가 많은
region 지역	prove 증명하다	quality 고급의	critic 비평가
cooperate 협력하다			

04 | Dine like a king at Gyeongbokgung starlight tour

Gyeongbokgung, the Joseon royal palace, will host its spring season starlight tour from May 18 to 29. Organized by the Cultural Heritage Administration's Royal Palaces and Tombs Center and the Korea Cultural Heritage Foundation, the tour takes visitors through the northern area of Gyeongbokgung, where they can enjoy a dining experience, watch a traditional music performance and go for a stroll under the stars by the moonlit palace. Tours will be held twice a day starting at 6:40 p.m. and 7:40 p.m., Wednesday through Sunday. Each tour will run approximately for two hours. Up to 30 participants are allowed per tour and tickets can be reserved through the Interpark website. Each person is limited to two tickets.

Upon entering the palace, visitors will have a chance to try a modern version of "surasang," a royal meal of 12 dishes served to kings and queens. A live Korean traditional music performance accompanies the dinner. A walk through Jibokjae, the king's library, and Palujeong Pavilion, a reception hall for foreign envoys, will follow, led by a professional guide.

Visitors can also enjoy a short performance by actors at the "janggo" area where "jangdok," traditional earthenware jars, were stored. The play involves a story about people living in the old palace. At Geoncheonggung Residence, where electric lights came on for the first time in the country in 1887, a sand art video will be shown. The tour ends at Hyangwonjeong Pavilion where visitors will be treated to a panoramic nighttime view of the capital. Regular seat tickets for watching the traditional music performance cost 60,000 won and it is 55,000 won for seats with partially blocked views.

Cultural Heritage Administration 문화재청

1 다음 중 경복궁 별빛야행에 관해 언급되지 <u>않은</u> 것은?

① 진행 기간

② 소요 시간

③ 입장권 구매 가능 시간

④ 투어 장소

⑤ 입장권 구매처

2 다음 중 경복궁에서 왕의 도서관이었던 곳으로 가장 적절한 것은?

① 집옥재　　② 팔우정　　③ 장고　　④ 건청궁　　⑤ 향원정

3 이 글의 밑줄 친 The play가 가리키는 것을 찾아 영어로 쓰시오.

_____

📖 VOCA

dine 식사하다 　　starlight 별빛 　　royal palace 왕궁 　　host 주최하다
organized 조직된 　　experience 경험 　　traditional 전통의 　　performance 공연
stroll 거닐기 　　moonlit 달빛이 비치는 　　approximately 대략 　　participant 참여자
allow 허락하다 　　reserve 예약하다 　　limit 제한하다 　　modern 현대의
meal 식사 　　accompany 동반하다 　　pavilion 부속건물, 정자 　　reception hall 영빈관
foreign envoys 각국 사신 　　follow 따르다 　　professional 전문의 　　guide 가이드
earthenware jar 항아리 　　involve 관련되다 　　panoramic view 전경 　　regular 일반의
partially 부분적으로

31

05 | Rio Carnival

The Rio Carnival is an annual festival held in the city of Rio de Janeiro in Brazil. It is one of the largest public festivals in the world, with millions of people taking part each year. Rio is known for its lavish parades, samba dance festivals, and many other events that take place during the festival season.

ⓐ_____ it is well-known around the world and so many people attend, Rio is very important economically for the city of Rio de Janeiro and the entire country of Brazil. Both tourists and locals spend billions of dollars annually on festival events, making it an extremely important event for the local economy. Not only do tourists spend money on official Rio events and merchandise, such as fashion shows, costume contests, and souvenirs, but they also spend money on the numerous restaurants, hotels, and transportation services throughout the city.

The history of Rio dates back to the 17th century when Brazil was a colony of Portugal. The Portuguese embraced Greek culture at the time, and one of the Greek gods, Bacchus, was the god of wine and feasts. The Portuguese decided to hold a festival in Bacchus' honor, which was the original celebration that eventually became known as the Rio Carnival. The first official Rio Carnival took place in 1840. Although it originally had Greek and Portuguese origins, Brazilians soon adopted the festival as their own, incorporating elements of their own culture.

Today, the festival is considered a major Brazilian cultural event. ⓑ_____ Rio was cancelled in 2020 and 2021 due to the COVID-19 pandemic, the city was able to host a smaller version of the Carnival in April 2022 and has plans to hold a full-scale Carnival in February 2023. Because the Carnival has been absent from Brazil for the past two years, and because everyone

is beginning to emerge from the pandemic, next year's Carnival will most likely be the biggest one yet.

1 다음 중 리우 카니발에 대한 내용과 일치하는 것은?

① 매년 브라질 상파울루에서 열린다.

② 브라질 정치에 큰 영향을 미친다.

③ 카니발의 기원은 그리스 문화와 관련이 있다.

④ 첫 공식적인 카니발은 1940년에 열렸다.

⑤ COVID-19 이후로 2022년부터 다시 원래 규모의 카니발을 개최했다.

2 빈칸 ⓐ와 ⓑ에 들어갈 말로 가장 적절한 것은?

	ⓐ	ⓑ
①	When	Although
②	Because	Although
③	Although	Unless
④	Because	When
⑤	Because	As long as

3 이 글의 밑줄 친 <u>they</u>가 가리키는 것을 찾아 영어로 쓰시오.

_____

📖 **VOCA**

carnival 축제	annual 연례의, 해마다의	take part 참여하다	lavish 호화로운
parade 퍼레이드	samba dance 삼바 춤	take place 열리다	economically 경제적으로
entire 전체의	tourist 관광객	local 현지인	extremely 극도로
official 공식적인	merchandise 상품	costume 의상	souvenir 기념품
numerous 수많은	transportation 교통기관, 운송	date back 거슬러 올라가다	colony 식민지
embrace 받아들이다	feast 연회	honor 경의, 명예	original 원래의
eventually 마침내	adopt 채택하다	incorporate 포함하다	element 요소
consider 간주하다	pandemic 세계적 유행병	full-scale 대규모의	emerge 벗어나다

Chapter 3

01 | English Hallyu posts on YouTube jump thirtyfold after 'Squid Game'

Since the release of Netflix's mega-hit Korean original "Squid Game" last year, English-language online posts related to Hallyu, or the Korean Wave, have increased approximately 30-fold, according to a Korean Foundation for International Cultural Exchange report released last month.

The Culture Ministry and KOFICE jointly analyzed data from three online media platform categories – video and social media, community sites and review platforms – from June to December last year. The platforms included YouTube, V Live, Tiktok, Reddit, Fandom, Soompi, IMDb and Rotten Tomatoes.

The research also took into account 27 English-language based foreign media from 15 countries. On YouTube, the weekly average posts for Hallyu-related videos was 70,600 per week after the release of "Squid Game" on Sept. 17. The figure is a significant jump from 2,300 per week from June to August.

Signs of increased interest in Hallyu were also seen on online communities and review platforms. On Reddit, Hallyu posts exceeded 20,000 per week last October, a significant leap from 15,000 per week a month earlier. The number of Hallyu content reviews also increased from less than 20 posts per week to 130 posts on average.

As for foreign media, Hallyu articles averaged 16.6 per week before "Squid Game," before rising to 133.3 per week in October. K-pop themed articles accounted for 54 percent of the articles followed by K-drama at 32.5 percent.

While the spread of K-pop content is centered mainly around tightly knitted fan groups, fans of K-drama showed a tendency to reach out to other content, according to KOFICE.

Korea Foundation for International Cultural Exchange 한국국제문화교류진흥원

정답 및 해설 p.7

1 다음 중 글의 내용과 일치하지 <u>않는</u> 것은?

① 넷플릭스 '오징어 게임'은 온라인에서 한류 관련 게시물 증가에 큰 영향을 끼쳤다.

② 한류 관련 온라인 게시물 조사는 약 6개월간 이뤄졌다.

③ 한류 관련 온라인 게시물 조사 대상에는 15개국의 미디어들이 포함되어 있다.

④ 유튜브에서는 '오징어 게임' 공개 이후 한류 영상의 주당 업로드 숫자가 크게 늘었다.

⑤ K-드라마 관련 기사가 K-pop 관련 기사보다 더 많은 비중을 차지했다.

2 플랫폼 레딧의 작년 9월 한류 관련 포스트는 주당 몇 건인가?

① 130   ② 2,300   ③ 15,000   ④ 20,000   ⑤ 70,600

3 이 글의 밑줄 친 <u>leap</u>와 바꿔 쓸 수 있는 것을 본문에서 찾아 한 단어로 쓰시오.

_____

📖 VOCA

Hallyu 한류	post 게시글, 포스트	thirtyfold 30배	release 공개
mega-hit 대히트	related to ~와 관련된	increase 증가하다	approximately 대략
jointly 합동으로	take into account 고려하다	weekly 주간의	average 평균
figure 수치	significant 상당한	exceed 초과하다	leap 상승
article 기사	account for 차지하다	spread 확산	tightly 촘촘히
knitted 짜여진	tendency 경향		

02 | 59% favor active duty exemption for top pop artists: survey

A new opinion poll out showed some 6 in 10 South Koreans think K-pop sensation BTS and other top artists who have contributed to boosting the country's image should be exempted from active duty military service. ⓐ

A Gallup Korea survey of 1,004 Koreans aged 18 and older, conducted from April 12 to 14, showed nearly 59 percent responding that K-pop artists should be able to carry out an alternative military duty or be granted exemption from military service. Thirty-three percent said exemption or alternative service should not apply to pop artists. Eight percent declined to respond. ⓑ

The survey had a margin of error of plus or minus 3.1 percentage points at a 95 percent confidence level. The results were based on telephone interviews through random-digit dialing with a response rate of 11.5 percent, according to Gallup Korea.

Under the current law, all able-bodied Korean men are required to serve in the military for 18 to 22 months. ⓒ But at the recommendation of the culture minister, international award-winning athletes and classical musicians can receive exemption from military duty or do an alternative service. ⓓ

Last year, three lawmakers proposed bills calling for active duty exemptions to apply to a wider range of artists. If passed, it would allow BTS and other prominent K-pop artists to skip active duty. The parliamentary national defense committee considered such a bill in November. ⓔ

1 다음 중 글의 내용과 일치하지 <u>않는</u> 것은?

① 설문조사는 K-pop 가수들의 군 면제에 관한 것이다.

② 설문조사는 길거리 조사로 진행되었다.

③ 조사 결과 응답자의 33%가 K-pop 아티스트의 군 면제를 반대했다.

④ 현재 법률 상 군 복무 기간은 18개월에서 22개월이다.

⑤ 작년에 더 많은 예술가들에게 현역 복무 면제를 적용할 것을 요청하는 법안이 입법되었다.

2 이 글의 @~@ 중 다음 문장이 들어갈 곳으로 가장 적절한 것은?

> While the law does not apply to K-pop acts, many have supported the idea of including top pop artists.

① ⓐ　　　② ⓑ　　　③ ⓒ　　　④ ⓓ　　　⑤ ⓔ

3 이 글을 읽고 다음 빈칸을 채우시오.

> Under the current law, _____ who win international award and
> _____ _____ can receive exemption from military or do
> alternative service.

📖 VOCA

favor 호의적인	exemption 제외, 예외	sensation 열풍, 돌풍	contribute 공헌하다
boost 신장시키다	exempt 면제하다	active duty 현역	carry out 실행하다
grant 주다	apply 적용하다	margin of error 오차 범위	confidence level 신뢰도
random 무작위의	able-bodied 신체 건강한	lawmaker 국회의원	bills 법안
call for 요청하다	prominent 유명한	parliamentary 의회의	defense committee 국방위원회

03 | 2 in 3 young Koreans positive about meat alternatives: survey

More than two out of three Koreans in their 20s and 30s feel positive about plant-based meat <u>alternatives</u> and believe that they are better for the environment than animal meat, a survey showed Thursday.

According to a survey conducted by Shinsaege Food, 67.6 percent of 1,000 respondents aged between 20 and 39 said they feel good about consuming meat replacements. Some 71 percent said meat alternatives are necessary because they take up less land and water, and produce less greenhouse gas than manufactured beef. Others said meat replacements could also promote animal welfare, improve eating habits and prevent food shortages.

When asked about their experience with meat alternatives, 40.6 percent said they had tried pork replacements in sandwiches and salads, while 34.5 percent said they tried beef replacements of hamburger patties. Of those who had eaten meat alternatives, however, 72.3 percent said they would not eat them again, saying the food was not tasty and the texture felt different.

Experts say although the domestic alternative meat market is still small, it has huge growth potential. "Young Koreans tend to purchase not only the product itself but what it stands for what they believe is better for the sustainable growth of the planet," said Lee Eun-hee, a consumer science professor at Inha University. "To satisfy those who want meat alternatives but which are tasteful at the same time, I think many food companies will produce something close to animal meat (in terms of taste and texture)."

1 설문조사 응답자 중 71%가 대체육이 필요하다고 말한 이유로 가장 적절한 것은?

① 가격이 더 저렴하기 때문에

② 가축 고기보다 맛이 더 좋기 때문에

③ 식생활을 향상시켜 식량 부족을 예방할 수 있기 때문에

④ 동물 복지를 촉진하기 때문에

⑤ 가축 고기보다 더 적은 땅과 물을 소비하고 온실가스를 덜 배출하기 때문에

2 이 글의 밑줄 친 alternatives와 같은 의미의 단어를 본문에서 찾아 한 단어로 쓰시오.

_____

3 이 글을 읽고 다음 빈칸을 채우시오.

Some people feel negative about meat alternatives because they are not
_____ and the _____ feels different.

📖 **VOCA**

positive 긍정적인	alternative 대체재	plant-based 식물성 기반의	respondent 응답자
consume 소비하다	replacement 대체재	necessary 필요한	take up 차지하다
greenhouse gas 온실가스	manufacture 제조, 가공하다	promote 촉진하다	welfare 복지
shortage 부족	pork 돼지고기	tasty 맛있는	texture 질감, 촉감
domestic 국내의	huge 큰, 거대한	potential 잠재력, 가능성	purchase 구매하다
stand for 의미하다	sustainable 지속 가능한	satisfy 만족시키다	tasteful 맛있는

04 | RM, Henry recognized for art patronage

K-pop singers RM and Henry have been named 2020 This Year's Art Patron by the Arts Council Korea. The state-run Arts Council Korea on Dec. 21 announced six firms and four individuals selected for seven awards related to art patronage. The awards highlight supporters of the local arts scene.

BTS' RM, who donated 100 million won ($91,000) to the National Museum of Modern and Contemporary Art, Korea in September made the individual awardee list. The MMCA used the donation to publish its out-of-print art publications for distribution to public libraries and schools.

Singer Henry, who runs his own YouTube channel "Henry Together," which discovers child music prodigies, was also recognized as an art patron. Henry is also an honorary ambassador of Orchestra of Dream, inspired by Venezuela's youth orchestra movement "El Sistema."

Other awardees include Ha Jung-woong, the honorary director of the Gwangju Museum of Art. Ha is an art collector who has donated some 12,000 works to art museums and universities. Companies recognized for art patronage include local mobile carrier KT for its KT Chamber Orchestra, Oriental Brewery for supporting indie musicians suffering from the COVID-19 pandemic, the Korea Electric Power Corporation and Naver TV, among others.

The awards ceremony was held in a virtual, livestreamed event on Dec. 21. "Art patrons' continued help supports the arts scene threatened by the COVID-19 pandemic," Park Jong-kwan, the head of Art Council Korea, said. "I thank the patrons who have continued their support at times like this."

Arts Council Korea 한국문화예술위원회
National Museum of Modern and Contemporary Art 국립현대미술관

1 다음 중 글의 내용과 일치하지 <u>않는</u> 것은?

① 올해의 예술 후원자 수상자에는 회사와 개인이 포함되었다.

② BTS의 RM은 국립현대미술관에 약 1억원을 기부하였다.

③ 헨리는 유튜브를 통해 예술을 후원하고 있다.

④ 개인 수상자들은 모두 가수이다.

⑤ 시상식은 가상으로 진행되었다.

2 국립현대미술관은 RM의 기부금을 어떻게 사용했는가?

① 어린이를 위한 미술관을 건설하는 데 사용했다.

② 어린이 미술 대회를 개최하는 데 사용했다.

③ 예술 학교를 건설하는 데 사용했다.

④ 절판된 예술 출판물을 출판하여 공공 도서관과 학교에 배포하는 데 사용했다.

⑤ 신인 예술가들을 후원하는 데 사용했다.

3 헨리가 명예 대사로 있는 프로그램의 이름을 영어로 쓰시오.

_____

📖 VOCA

recognize 인정하다	patronage 후원, 지원	name 지명하다	patron 후원자, 고객
state-run 국영의	announce 발표하다	individual 개인	select 선정하다
related to ~와 관련된	highlight 강조하다	supporter 후원자	local 국내의
donate 기부하다	awardee 수상자	donation 기부	publish 출판하다
out-of-print 절판된	distribution 배포	discover 발견하다	prodigy 영재
honorary ambassador 명예 대사	inspired 영감을 받은	include 포함하다	honorary 명예의
collector 수집가	suffer from ~로 고통받다	pandemic 세계적인 유행병	continue 계속하다
threatened 위협받은			

05 | Virtual influencers rush into entertainment scene

While a growing number of businesses are choosing virtual social media influencers to promote their brands, others are seeking to take these artificial intelligence personalities into the entertainment industry as well.

Rozy, the first virtual social media influencer in South Korea, debuted as a singer with her first single "Who Am I" on Feb. 22. Prior to her singing debut, the virtual figure surprised viewers by making a cameo appearance in Tving's comedy series "Dr. Park's Clinic." Rozy is joined by other virtual influencers working with local entertainment companies. Reah Keem is preparing to debut as a singer, with Mystic Story's chief producer Yoon Jong-shin overseeing the project.

The first-ever virtual artist was Japan's Kyoko Date, who debuted in 1996. Virtual singer Adam, who debuted in 1998 here, was successful in drawing attention. Cyda and Lusia followed in Adam's footsteps. ⓐ_____, the first generation of virtual singers were abandoned as production costs exceeded revenue.

Meanwhile, virtual influencers have become a blue ocean in today's entertainment market. ⓑ_____ they are computer-generated, their diverse character traits and talents make them seem almost human. Virtual humans can be widely utilized in areas such as advertising, music and acting. Companies also find virtual influencers more attractive, as they are scandal-free and do not age. There are no time or space constraints, and they are cheaper to work with than top celebrities in the long term, according to entertainment industry insiders.

Culture critic Jung Duk-hyun, who was involved in the Adam project, told The Korea Herald that the entertainment industry readily attracts attention. The ultimate goal of virtual influencers is to expand the concept of computer-generated

3D avatars, he added. "Considering today's technology, making a singing debut is the easiest step, followed by modeling. That is why many producers behind virtual humans choose to debut figures as singers or models first. Making a virtual influencer speak one's lines with natural acting motions will require more advanced technologies," Jung said.

1 엔터테인먼트 시장에서 가상 인플루언서가 매력적인 이유로 언급되지 <u>않은</u> 것은?

① 스캔들을 걱정할 필요가 없다.

② 나이가 들지 않는다.

③ 다양한 언어로 콘텐츠 제작이 가능하다.

④ 시간적, 공간적 제한이 없다.

⑤ 장기적으로는 비용 면에서 효율적이다.

2 빈칸 ⓐ와 ⓑ에 들어갈 말로 가장 적절한 것은?

	ⓐ	ⓑ
①	However	As long as
②	However	If
③	Therefore	When
④	However	Although
⑤	Therefore	Because

3 세계 최초의 가상 아티스트의 이름을 이 글에서 찾아 쓰시오.

_____

📖 VOCA

virtual 가상의	influencer 인플루언서	rush 서두르다	scene 현장
promote 홍보하다	artificial intelligence 인공 지능	personality 인물	industry 산업
prior to ~에 앞서	surprise 놀라게 하다	cameo 카메오	appearance 출연
oversee 감독하다	draw 끌다	footstep 발자국	abandon 버리다
exceed 초과하다	revenue 수익	blue ocean 블루오션	computer-generated 컴퓨터로 만들어진
trait 특성	talent 재능	utilize 활용하다	age 나이 들다
constraint 제한, 제약	celebrity 유명 인사	insider 내부자	readily 손쉽게
ultimate 궁극적인	considering ~을 고려할 때	figure 인물	lines 대사

Chapter 4

1 **Time magazine names young scientist as first-ever 'Kid of the Year'**

1 **Time magazine names young scientist as first-ever 'Kid of the Year'**
타임지는 어린 과학자를 '올해의 어린이'로 선정

2 **Gyeongbokgung's main throne hall worth just W3.29b (3.29 billion won)**
경복궁 근정전 가치가 32.9억 밖에 안 되어

3 **Cleaning for reopening the British Museum**
대영 박물관 재개관을 앞두고 청소

4 **NGO urges online retailers to ban sale of Rising Sun Flag**
비정부 기구 온라인 판매자들에게 욱일기 상품 판매 금지를 촉구

5 **Drama script sales emerge as an indicator for success**
드라마 대본 매출이 성공의 지표로 떠올라

01 | Time magazine names young scientist as first-ever 'Kid of the Year'

A 15-year-old Indian American teen inventor has been named Time magazine's first-ever Kid of the Year. ⓐ According to Time, Gitanjali Rao is a scientist from Colorado and was proudly selected as Kid of the Year on its front cover. The teenage scientist and inventor was chosen out of 5,000 candidates aged 8 to 16 across the U.S.

ⓑ When Gitanjali was 11 years old, she invented a system to check drinking water for lead. Lead is a dangerous metal sometimes found in drinking water, especially where there are old pipes. The invention gave her the title of "America's Top Young Scientist" in Discovery Education 3M Young Scientist Challenge. Her cyberbullying prevention app is called Kindly, which helps filter messages that can hurt kids before sending them. ⓒ

Time's judges were impressed by Rao's efforts to create a global community of young innovators pursuing their goals. Rao insists that starting out small doesn't matter, as long as you're passionate about it. ⓓ

In an interview with Angelina Jolie in Time, she answered Jolie's question about the lack of women in science and technology: "I don't look like your typical scientist. Everything I see on TV is that it's an older, usually white man as a scientist. It's weird to me that it was almost like people had assigned roles, regarding like their gender, their age, the color of their skin."

ⓔ Time magazine has been selecting the "Person of the Year" every year for more than 90 years. Last year, Swedish environmentalist Greta Thunberg was named the youngest (16 years old) winner ever. This is the first category that only targets children and teenagers.

1 다음 중 Gitanjali Rao에 관한 내용과 일치하지 <u>않는</u> 것은?

① 인도계 미국인인 십대 과학자이다.

② 식수에서 납을 감지하는 장치를 발명하였다.

③ 그녀가 발명한 Kindly는 아이들을 위한 앱이다.

④ 안젤리나 졸리와 인터뷰를 한 적 있다.

⑤ 타임지 올해의 인물에 선정된 적이 있다.

2 이 글의 ⓐ~ⓔ 중 다음 문장이 들어가기에 가장 적절한 곳을 고르시오.

> Rao's inventions include lead-detection devices in drinking water, and an app that can help cut down on online bullying.

① ⓐ   ② ⓑ   ③ ⓒ   ④ ⓓ   ⑤ ⓔ

3 타임지가 작년에 선정한 올해의 인물은 누구인지 본문에서 찾아 쓰시오.

_____

📖 VOCA

inventor 발명가	proudly 자랑스럽게	invention 발명품	lead 납
detection 감지	device 기구	bullying 따돌림	dangerous 위험한
especially 특히	pipe 파이프	title 타이틀, 자격	cyberbullying 사이버 폭력
filter 거르다	hurt 해치다	judge 심사위원	impress 감동시키다
effort 노력	innovator 혁신가	pursue 추구하다	insist 주장하다
passionate 열정적인	lack 부족	technology 기술	typical 전형적인
weird 이상한	assigned 할당된	regarding ~에 관하여	gender 성별
environmentalist 환경운동가	category 분야	target 대상으로 하다	

02 | Gyeongbokgung's main throne hall worth just W3.29b (3.29 billion won)

Geunjeongjeon the main throne hall of Gyeongbokgung from the Joseon era (1392-1910) is worth around 3.29 billion won ($2.87 million), less than the average price of an apartment in Gangnam-gu, a district of Seoul known for its sky-high real estate prices. Three other halls in the palace, which are designated as national treasures, were valuated at less than 2 billion won each, according to a document submitted by the Cultural Heritage Administration at the request of Rep. Kim Seung-su of the main opposition People's Power Party.

The low valuations mean that should these cultural properties be damaged or destroyed, the insurance money would not be sufficient to cover the cost of restoration. "We need to come up with measures to pay for restoration through insurance if they are destroyed or damaged, without investing a great amount of government expenditure," Kim said in a press release. When Sungnyemun National Treasure No. 1 was destroyed in an arson attack in 2008, restoration work cost 22.5 billion but the insurance only covered 95 million won, according to the CHA document.

Designated National Treasure No. 223 in 1985, Geunjeongjeon was built in 1394 the third year of the reign of King Taejo, who founded the Joseon Dynasty. It was burned down during the Japanese invasion of 1592, but rebuilt in 1867 during the fourth year of King Gojong's reign. Joseon kings conducted state affairs and met foreign envoys at Geunjeongjeon, and some had their enthronement ceremonies there. High-ranking officials, including military officers, assembled there to pay respects to their king. More recently, BTS filmed a performance of "Idol" in front of Geunjeongjeon for its BTS Week special.

Cultural Heritage Administration 문화재청

1 다음 중 경복궁 근정전에 관한 내용과 일치하지 <u>않는</u> 것은?

① 1985년에 국보로 지정되었다.

② 조선시대 때 국정을 다루던 곳이다.

③ 1394년에 건설된 후 지금까지 원형이 잘 보존되어 왔다.

④ 조선시대 때 왕에게 존경을 표하기 위해 고위직이 모이던 곳이다.

⑤ 최근에는 BTS가 근정전 앞에서 공연하기도 했다.

2 이 글에서 문화재의 가치가 낮게 책정되었다는 것은 무엇을 의미하는가?

① 문화재가 손상되었을 때 복원 비용보다 보험금이 훨씬 적다.

② 문화재의 세계적 가치가 떨어진다.

③ 문화재 입장료를 높여야 한다.

④ 문화재 관리를 위한 지원금이 줄어든다.

⑤ 가치를 높이기 위해 정부가 막대한 예산을 문화재에 투자해야 한다.

3 숭례문이 방화로 인해 불탔을 때 지급된 보험금이 얼마인지 우리말로 쓰시오.

📖 VOCA

throne 왕좌	worth ~의 가치가 있는	Joseon era 조선 시대	billion 10억
average 평균	sky-high 아주 높은	real estate 부동산	palace 궁전
designate 지정하다	national treasure 국보	valuate 평가하다	document 서류
request 요청	Rep. 국회 의원	opposition 반대의	property 재산, 자산
damage 손상을 입히다	insurance 보험	sufficient 충분한	cover (경비 등을) 감당하다
restoration 복원	measures 조치	invest 투자하다	expenditure 지출
press release 언론 발표	arson 방화	found 설립하다	invasion 침략
reign 통치 기간	conduct 행하다	state affair 국정	envoy 사절단
enthronement 즉위	high-ranking official 고위 관리	military officer 군 장교	assemble 모이다

03 | Cleaning for reopening the British Museum

After being closed for 163 days, the British Museum has finally opened its doors to visitors on August 27. The museum, which had been forced to shut down since March due to the coronavirus outbreak, underwent a thorough cleaning as it prepared to safely reopen. More than 30 staff worked to dust off museum collections for about three weeks. Fabiana Portoni, a preventive care and dust expert at the museum, said the accumulation of dust particles on the ancient artifacts, such as statues and totem poles, could cause long-term damage.

The museum's main source of dust mainly comes from visitors' hair or clothing and nearby traffic pollution. Ms. Portoni told the local media, "During the lockdown, all of these sources were reduced; _____, there was still dust present around the museum." She added that physical dusting and special solutions were used to clean objects, with great caution not damaging the precious artifacts.

The experts took advantage of the closure period to do careful cleaning without being pressed for time. This is the museum's longest peacetime closing of 163 days in its 261 years of history. The British Museum, which first opened its doors in 1759, is UK's most visited attraction.

The Louvre in Paris, the world's most visited museum, reopened on July 6 after a 16-week closure. Only a limited number of masked visitors can enjoy viewing Mona Lisa and other world-famous treasures. With tourism still at a standstill, museums have shifted their efforts in attracting more domestic visitors than those from abroad.

British Museum 대영 박물관

정답 및 해설 p.11

1 다음 중 대영 박물관이 휴관했던 이유로 가장 적절한 것은?

① 안전 점검 문제로 인해

② 코로나 사태로 인해

③ 대대적인 보수 공사로 인해

④ 정기적인 청소 일정으로 인해

⑤ 손상된 전시품 복구를 위해

2 이 글의 빈칸에 들어갈 말로 가장 적절한 것은?

① so

② moreover

③ instead

④ therefore

⑤ however

3 이 글의 밑줄 친 all of these sources가 가리키는 것을 찾아 모두 쓰시오. (세 가지)

_____

![VOCA]

force 강요하다	shut down 폐쇄하다	outbreak 발발	undergo 겪다, 실시하다
thorough 철저한	dust off 먼지를 털다	collection 소장품	care 관리
accumulation 축적	dust particle 먼지 입자	artifacts 유물	statue 동상, 조각
totem pole 토템 폴, 토템 기둥	long-term 장기간의	source 근원, 원인	nearby 근처의
lockdown 폐쇄	reduce 줄이다	physical 물리적인	solution 용액
caution 유의, 조심	precious 소중한	take advantage of 활용하다	press 재촉하다
peacetime 평화 상태	closure 폐쇄	limited 제한된	masked 마스크를 쓴
standstill 정지, 멈춤	shift 바꾸다	domestic 국내의	

A South Korean nongovernmental organization has sent letters of request calling for an immediate ban on sales of items designed with the ⓐ _____ to global e-commerce platform operators, including Amazon, Google, and Wish. Following the e-commerce conglomerates' new policy announced through BBC last month to prohibit sales of racist products, the platforms ceased selling commodities that were deemed problematic, like Hakenkreuz – the German Nazi's flag – and typical white supremacist images. But the Voluntary Agency Network of Korea pointed out that a slew of items using the symbol of Japanese Imperialism, which could be highly offensive for many Asian people are still up for sale.

"Many people acknowledge the Hakenkreuz's sore implications of the darkest days in European history during which so many innocents fell into victimhood of the tragedies incurred by the extreme form of totalitarianism. ⓑ _____, the fact that the Rising Sun Flag's presence is quite parallel to that of Hakenkreuz for the nations that were put under the rule of Japan is often neglected, and this ignorance should come to an end," said the VANK, expressing regret over the lack of recognition. VANK added that Rising Sun Flag is openly used and sold for aesthetic matters by those who are unaware of and insensitive to its aggressive indication.

NGO (Nongovernment organization) 비정부 기구
Rising Sun Flag 욱일기
e-commerce platform 전자상거래 플랫폼
white supremacist 백인 우월론자
Voluntary Agency Network of Korea 반크, 1999년 5월 출범한 외국인과 한인동포, 입양아들에게
한국의 이미지를 바르게 홍보하기 위한 목적으로 전국 각지의 네티즌들이 만든 사이버 외교사절단
Japanese Imperialism 일제 치하

1 이 글에 따르면 "Hakenkreuz"란 무엇인가?

① 나치 독일 국기
② 백인 우월주의의 상징
③ 욱일기
④ 인종차별을 반대하는 독일 단체
⑤ 사이버 외교 사절단

2 빈칸 ⓐ에 들어갈 말을 이 글에서 찾아 세 글자로 쓰시오.

_____

3 이 글의 빈칸 ⓑ에 들어갈 말로 가장 적절한 것은?

① As a result
② Fortunately
③ Therefore
④ For example
⑤ However

📖 VOCA

urge 촉구하다	retailer 소매업자	ban 금지하다	call for 요구하다
immediate 즉각적인	operator 운영자	conglomerate 대기업	prohibit 금지하다
racist 인종 차별 주의의	cease 중단하다	commodity 상품	deem 여기다
problematic 문제가 많은	typical 전형적인	point out 지적하다	a slew of 많은
offensive 불쾌한	acknowledge 인정하다	sore 아픈	implication 함축, 암시
innocent 무고한 사람	victimhood 피해 의식	tragedy 비극	incur 초래하다
extreme 극단적인	totalitarianism 전체주의	presence 존재	parallel 유사한
neglect 무시하다	ignorance 무지	recognition 인식	aesthetic 미적인
unaware of ~을 알지 못하는	insensitive 무감각한	aggressive 공격적인	indication 암시

05 | Drama script sales emerge as an indicator for success

The viewership of the SBS drama "Our Beloved Summer" might have been disappointing, but the sales of its scripts are telling another story. The scripts of the TV show have topped the bestselling lists of local online bookstores Aladin and Yes24.

The success of a TV series has been judged largely by its viewership rating, but the growing popularity of over the top platforms and services has reduced its influence as a factor.

Although the latest episode of "Our Beloved Summer" recorded viewership of 4.1 percent, the lowest ratings among series airing in the same time slot, the Monday-Tuesday drama has been soaring to No.1 in Netflix's Top 10 chart in various countries, including Korea, Hong Kong, Japan, Singapore, Taiwan, Vietnam and Indonesia for more than three weeks.

The two-volume script of "Our Beloved Summer," which has been taking its pre-orders since Jan. 12, secured the top two slots in the bestseller list for more than a week. According to Yes24, 44.2 percent of buyers were in their 20s, followed by buyers in their 30s (22 percent), 40s (14.6 percent) and 10s (13.4 percent). Written by the screenwriter Lee Na-eun, the uncut script is scheduled to be released on Feb. 16 with special merchandise exclusively for customers who buy the first edition.

The latest MBC's hit drama "The Red Sleeve" (2021) and tvN's "Hometown Cha-Cha-Cha" (2021) also released photo essays and scripts after their run. They recorded No.2 and No.1 on online bookstores Aladin and Yes24's bestselling charts, respectively.

"_____ more television dramas become available in various local and

global streaming platforms, the number of new drama fans continues to increase, leading to the rise in demand of popular series-related contents, including the script," a Yes24 official said in a press release.

"With more drama fans showing their love and support by purchasing the scripts, reading the original script is becoming mainstream, providing interesting information about the drama's popularity," the Yes24 official told The Korea Herald.

1 다음 중 드라마 "Our Beloved Summer"와 관련된 내용과 일치하는 것은?

① TV 시청률이 매우 높았다.

② 여러 나라의 넷플릭스의 차트에서 높은 순위를 이어 갔다.

③ 대본집은 총 한 권 분량으로 되어 있다.

④ 대본집을 가장 많이 구매한 연령대는 30대이다.

⑤ 대본집을 구매하는 모든 고객들에게 특별한 상품이 제공된다.

2 이 글의 빈칸에 들어갈 말로 가장 적절한 것은?

① Although

② Unless

③ However

④ Until

⑤ As

3 이전에 드라마의 성공을 판단하던 기준을 이 글에서 찾아 두 단어로 쓰시오.

_____

📖 VOCA

script 대본	emerge 떠오르다	indicator 지표	viewership 시청률
disappoint 실망시키다	judge 판단하다	largely 크게	rating 비율
popularity 인기	reduce 줄어들다	influence 영향	factor 요인
although ~임에도 불구하고	air 방송하다	slot 자리	pre-order 선주문
secure 확보하다	schedule 예정하다	merchandise 상품, 물품	exclusively 독점으로
respectively 각각	available 이용 가능한	various 다양한, 여럿의	local 국내의
increase 증가하다	demand 수요	related 관련된	support 지지
purchase 구매하다	mainstream 주류		

Chapter 5

01 | 'Sangmo' Adds Wings to Gugak

"The 'sangmo' can be called the 'wings for gugak,' as it enriches gugak performances," says nongak performer Kim Ji-won. The "sangmo" is a Joseon-era military hat with ornaments. The ornaments attached to the top of the hat come in diverse shapes, such as ribbons, feathers or flowers. Performers wearing the sangmo spin their heads while playing an instrument alongside other band members in nongak, a type of traditional music and dance created by farmers. The rhythmical movements of the twirling ornaments attract the audience visually, adding buoyant energy to a nongak performance.

Kim's sangmo has a long paper ribbon connected to the top. "I am good at turning around and around while flying this ribbon, making a circle in the air while playing an instrument. We call that dance 'yeonpungdae,'" Kim said.

Sangmo performances, or "sangmo dolligi," require dramatic movements with the neck and body, so performers are also thus prone to injury. "However, when I step on the stage, I am absorbed in the music and forget any worries about injuries. I am very happy that I can enjoy being on stage," Kim said.

Kim first encountered gugak in her school's traditional music band when she was a high school student. Being attracted to folk culture, she began playing in several traditional bands and performance teams in Seoul and Suwon, Gyeonggi Province, after majoring in Korean traditional music at university.

"I feel rewarded when foreign tourists come to see our performances and try to play the instruments. But have found that not many Koreans are interested in Korea's traditional culture," Kim remarked. "Korean traditional culture has the potential to be developed in countless ways. A recent trend is also reinterpreting traditions from modern perspectives, though we also have to preserve them. I hope such efforts to gain contemporary audience members' appreciation come to fruition," she added.

1 다음 글의 내용과 일치하지 <u>않는</u> 것은?

① 상모는 장식이 달린 조선 시대 군용 모자이다.

② 상모 공연자는 악기를 연주하면서 동시에 머리를 돌린다.

③ 김지원 농악인의 상모 꼭대기에는 긴 종이 리본이 달려 있다.

④ 김지원 농악인은 중학생 때 국악을 처음 접했다.

⑤ 최근에는 전통을 보호하면서도 현대의 관점에서 재해석하는 것이 트렌드이다.

2 다음 중 밑줄 친 buoyant와 의미가 가장 유사한 것은?

① cheerful　　② light　　③ special　　④ negative　　⑤ various

3 이 글의 밑줄 친 folk와 바꿔 쓸 수 있는 것을 본문에서 찾아 한 단어로 쓰시오.

_____

📖 VOCA

enrich 풍성하게 하다	performance 공연	era 시대	military 군대의
ornament 장식	attached 부착된	feather 깃털	spin 돌리다
instrument 악기	alongside 함께	rhythmical 리듬이 있는	twirl 빙글빙글 돌리다
visually 시각적으로	buoyant 활기를 돋우는	connected 연결된	dramatic 극적인
thus 따라서	prone to ~하기 쉽다	injury 부상	be absorbed in ~에 몰입되다
encounter 만나다	folk 민속의	feel rewarded 보람을 느끼다	remark 말하다
potential 잠재력	countless 셀 수 없는	reinterpret 재해석하다	perspective 관점
preserve 보존하다	contemporary 현대의	appreciation 공감	fruition 결실, 성과

02 | Traditional Korean archery designated as national cultural heritage

The art of traditional Korean archery has been designated as a national intangible cultural heritage, the Cultural Heritage Administration (CHA) announced. CHA said it recognized the value of "hwalssogi," or Korean traditional archery, for its significance in the history of Korean traditional martial arts.

The administration cited the hwalssogi's frequent reference in historical literature and culture, detailed documentations and transmissions of the production processes of bows and arrows, and its relevance in Korean martial arts history.

"The term hwalssogi was used because it's a pure Korean phrase meaning archery that appears frequently in Goryeo and Joseon-era documents," CHA said. Hwalssogi was known to have been central to military training and tactics in Korean history since the Three Kingdom era (B.C. 57-A.D. 668), with the Silla Kingdom prominently empowering a warrior class known as the Hwarang, a group of elite male youths, heavily influenced by Buddhism.

South Korea has been a leading force in the field of modern Western archery in the Olympics and other international stages for decades. The country's talent pool is so deep that a domestic competition may have the intensity of an international event.

Other national intangible cultural heritages include the traditional folk song "Arirang," the Korean wrestling called "ssireum," the "ondol" heating system and the culture of "haenyeo," or the female divers of Jeju Island who are also recognized as an intangible cultural heritage by UNESCO.

Cultural Heritage Administration 문화재청

1 다음 중 이 글의 내용과 일치하지 <u>않는</u> 것은?

① 활쏘기라는 단어는 조선 시대의 문서에도 등장한다.

② 활쏘기는 역사적으로 한국의 군사 전략의 중심이었다.

③ 활쏘기가 유네스코 세계 문화 유산으로 지정되었다.

④ 대한민국은 국제 대회에서 오랫동안 현대 양궁 부문을 이끌고 있다.

⑤ 대한민국의 양궁은 국제 대회뿐만 아니라 국내 대회도 매우 치열하다.

2 다음 중 이 글에서 국가 무형문화유산으로 언급되지 <u>않은</u> 것은?

① 탈춤

② 해녀

③ 온돌

④ 씨름

⑤ 아리랑

3 등재 단어로 "활쏘기"가 선택된 이유를 우리말로 쓰시오.

_____

📖 **VOCA**

archery 활쏘기	designate 지정하다	national cultural heritage 국가문화유산	intangible 무형의
recognize 인정하다	value 가치	significance 중요성	martial art 무술
cite 인용하다	frequent 흔한, 자주	reference 언급	literature 문학
detailed 자세한	documentation 문서	transmission 전수	production 제작
bow 활	arrow 화살	relevance 관련성	term 용어
pure 순수한	phrase 문구, 구절	era 시대	military training 군사 훈련
tactic 전략	prominently 주로	empower 권한을 주다	warrior class 군사계급
elite 엘리트, 정예	influenced 영향을 받은	leading force 선두 주자	decade 10년
pool 이용 가능한 인력	intensity 치열함		

03 | If there are no sad memories, can we find happiness in the future?

"Marigold Mind Laundry" By Yun Jung-eun

Essayist Yun Jung-eun has returned with a full-length novel for the first time in 11 years. Since its release on March 6, the fantasy novel has consistently ranked among the top 5 on the nation's bestseller lists.

The story unfolds in a peculiar laundromat that mysteriously appeared on a hill in the middle of the night. Ji-eun, an enigmatic woman with a pale complexion and long, curly, black hair, serves hot tea to visitors at the laundry. Those who drink her tea confide their secrets that they have never shared with anyone else, and ask her to erase their painful memories, as if wiping away a stain from a shirt. The narrative depicts various episodes of the visitors – childhood marred by poverty, forsaken dreams, betrayals by loved ones and wounds from school bullying.

Ji-eun herself has a painful past. She was born with two remarkable abilities but her abilities manifested themselves without her knowledge and led to an overnight separation from her parents. She has been in search of her parents ever since.

The book highlights the courage to acknowledge our wounds and open our hearts, as well as the compassion we have for our friends. Yun writes in the author's note: "This book explores how sorrow and joy are interconnected, just as the sun and moon coexist in the same sky. I learned that scars can blossom into flowers, that bright sadness does exist, and that a single person's drive and faith can reignite our will to live on."

1 소설 '메리골드 마음 세탁소'가 강조하는 것으로 가장 적절한 것은?

① 과거에 대한 미련을 갖지 말아야 한다는 생각

② 기쁨과 슬픔을 공유하는 즐거움

③ 긍정적 마인드의 중요성

④ 자신의 상처를 인정하고 마음을 여는 용기

⑤ 부모와 자식 간의 유대감

2 다음 중 밑줄 친 remarkable과 의미가 가장 유사한 것은?

① terrible　　② trivial　　③ useful　　④ ordinary　　⑤ incredible

3 이 글에서 '고통스러운 기억을 지우는 것'을 무엇에 비유했는지 우리말로 쓰시오.

_____

📖 **VOCA**

essayist 에세이 작가	return 돌아오다	full-length novel 장편 소설	release 출시
fantasy 판타지	consistently 지속적으로	rank 순위를 차지하다	unfold 펼치다
peculiar 이상한	laundromat 빨래방	mysteriously 신비롭게	appear 나타나다
enigmatic 불가사의한	pale 창백한	complexion 안색	curly 곱슬곱슬한
laundry 세탁소	confide 털어놓다	secret 비밀	share 공유하다
erase 지우다	painful 고통스러운	wipe 닦다	stain 얼룩
narrative 이야기	depict 묘사하다	various 다양한	episode 에피소드
mar 손상시키다	poverty 가난	forsaken 버려진	betrayal 배신
wound 상처	bullying 괴롭힘	remarkable 놀랄 만한	manifest 나타내다
knowledge 지식	overnight 하룻밤 사이의	separation 분리, 떨어짐	highlight 강조하다
acknowledge 인정하다	compassion 연민	explore 탐험하다	interconnected 서로 연결된
coexist 공존하다	scar 흉터	blossom 꽃이 피다	bright 밝은
drive 투지, 추진력	faith 믿음	reignite 재점화되다	will 의지

04 | 'Our Season' Kim Hae-sook Wants to Play Mothers of All Kinds

Veteran actor Kim Hae-sook, mostly known for her mother role in hit projects "My Brother" (2004), "Sunflower" (2006) and "Mom" (2010), stars once again as a mother in "Our Season."

Kim plays Bok-ja, a deceased woman who has come to visit her daughter Jin-joo (Shin Min-a) in the world of the living as part of her "vacation from heaven" led by a guide (Kang Ki-young). While Bok-ja can see ⓐ her daughter from a close distance, Jin-joo cannot hear or see Bok-ja at all. Together with ⓑ her best friend Mi-jin (Hwang Bo-ra), Jin-joo, now an owner of an eatery selling homecooked food, tries to revive ⓒ her mother's recipes. Kim said a daughter like Jin-joo, who doesn't express many feelings to ⓓ her mother and quarrels with her mom over trivial things, was both like herself and her own daughter. After Bok-ja's sudden death, Jin-joo regrets everything and quits ⓔ her career as a professor at a prestigious US university.

"Although I'm currently a mother myself, I still feel a sudden surge of anger and sadness when I think of my own mother. Those feelings are all included in this film. To be honest, I was also once Jin-joo when I was young," Kim told The Korea Herald. Sharing how her mom was very strict when Kim was young, and how that made her want to become a friend-like mother to her daughter, Kim said being a working mom juggling an acting career and family life wasn't easy. "(Being an actor) has inevitably put me in a situation where I am often unable to be with my child. So I've always felt sorry for my child. I always see myself as an unprofessional mom," Kim added. Kim said she still has a thirst for acting, especially taking on 다른 종류의 어머니 역할들 in her future projects.

1 다음 중 영화에 대한 내용과 일치하지 <u>않는</u> 것은?

① 김해숙 배우는 고인 역할을 했다.

② 진주는 식당을 운영한다.

③ 진주는 어머니의 요리법을 다시 살리려 한다.

④ 진주는 어머니가 사망하기 전 대학 교수로 일했다.

⑤ 복자와 진주는 사이가 좋은 모녀였다.

2 이 글의 밑줄 친 ⓐ~ⓔ 중 가리키는 것이 다른 하나는?

① ⓐ   ② ⓑ   ③ ⓒ   ④ ⓓ   ⑤ ⓔ

3 이 글의 밑줄 친 우리말과 같은 뜻이 되도록 주어진 단어를 알맞게 배열하시오.

(roles / different / of / mother / kinds)

_____

📖 VOCA

veteran 베테랑	known for ~로 알려진	role 역할	deceased 죽은
vacation 휴가	heaven 천국	distance 거리	eatery 식당
homecooked 집에서 요리한	revive 되살리다	recipe 레시피, 요리법	express 표현하다
quarrel 싸우다	trivial 사소한	sudden 갑작스러운	regret 후회하다
quit 그만두다	career 경력	professor 교수	prestigious 명성이 있는
currently 현재	surge 급증, 치밀어 오름	to be honest 솔직히	strict 엄격한
friend-like 친구 같은	juggle 곡예하듯 하다	inevitably 불가피하게	situation 상황
unable 할 수 없는	unprofessional 전문가답지 못한	thirst 갈증	

Thanksgiving Day is a national holiday celebrated in the U.S. on the fourth Thursday of November. One of the first well-known observances of this day is the 1621 celebration between the Pilgrims at the Plymouth plantation and the Wampanoag people. It was a celebration of a successfully completed growing season and survival after a disease outbreak.

The first officially proclaimed Thanksgiving Day was held in 1777 as a celebration of people's gratitude to God and as a victory celebration of the British defeat at Saratoga, as ordered by George Washington. ⓐ

In the past, Thanksgiving was mostly associated with the Thanksgiving dinner: a roasted turkey, corn, pumpkins, beans, cranberries, squash, and barley. In the early days, Thanksgiving was also associated with drinking large amounts of liquor in some of the colonies. ⓑ During the 1621 Thanksgiving celebration, people prepared whatever they had, including deer, seal, lobster, and swans.

Nowadays, Thanksgiving is celebrated with a parade, charitable giving, a family dinner, and giving thanks. ⓒ The most conventional foods on the Thanksgiving table are roasted turkey, gravy, stuffing, pumpkin pie, cranberry sauce, bread rolls, corn, mashed and sweet potatoes, beans (mostly green beans), and vegetables. Many communities conduct food drives for Thanksgiving to collect non-perishable foods and canned goods to give away to people in need. Additionally, since 1924, the Macy's Thanksgiving Day Parade has been held annually in New York. ⓓ

Around the world, Thanksgiving Day is observed only in some countries, and the date is usually different from the U.S. ⓔ It is held on the second Monday in October and people serve turkey, pumpkin pie, sweet potatoes, and ham. In China,

on the fifteenth day of the eighth lunar cycle, the annual fall harvest celebration (Chung Chiu Moon Festival) is conducted. It is a three-day celebration, serving mooncake pastries.

1 다음 중 현재 추수감사절 때 많은 단체들이 하는 일로 가장 적절한 것은?

① 음식을 직접 만들어 도움이 필요한 사람들에게 나눠준다.

② 도움이 필요한 사람들을 위해 기부금을 모금한다.

③ 함께 모여 저녁식사를 한다.

④ 잘 부패하지 않는 음식을 모아 필요한 사람들에게 기부한다.

⑤ 추수 축하 행사를 연다.

2 이 글의 ⓐ~ⓔ 중 다음 문장이 들어가기에 가장 적절한 곳은?

> For example, Canada started celebrating Thanksgiving before the U.S., presumably in 1578.

① ⓐ   ② ⓑ   ③ ⓒ   ④ ⓓ   ⑤ ⓔ

3 이 글을 읽고 다음 빈칸을 채우시오.

> Thanksgiving Day in the U.S. started in 1621 to celebrate a completion of
> _____ and _____ after a disease outbreak.

📖 VOCA

Thanksgiving Day 추수감사절	observe 지키다	national holiday 국경일	Pilgrim 순례자
plantation 농장	survival 살아남음	outbreak 발발	officially 공식적으로
proclaim 선언하다	gratitude 감사	defeat 승전	associated with ~와 관련된
roasted turkey 구운 칠면조	squash 스쿼시(호박)	barley 보리	colony 식민지, 집단
conventional 전통적인	conduct 행하다	drive 모금 운동	non-perishable 부패하지 않는
in need 어려움에 처한	annually 해마다	presumably 아마	mooncake pastries 월병

Chapter 6

01 | Middlebury College students learn Korean with BTS

On Oct. 6, the Korea Foundation said that it had launched a lecture series using 'Learn! KOREAN with BTS' at Middlebury College, a liberal arts college in Middlebury, Vermont that is known for its foreign language programs.

In August, the KF, K-pop powerhouse Big Hit Entertainment's education business unit Big Hit Edu and Hankuk University of Foreign Studies announced that they were working together to develop and provide Korean language learning programs. The e-school lecture at Middlebury College is the first project by the three groups.

The lectures are conducted jointly by professors of Hankuk University of Foreign Studies and Middlebury College. The textbook, "Learn! KOREAN with BTS," was co-developed by HUFS professor Heo Yong and Big Hit Edu to help K-pop fans learn the Korean language through BTS-related cultural content.

"In general, the maximum number of students in a foreign language class is 14, whereas for the BTS Korean class it is being conducted with 20," Sahie Kang, a language professor of Middlebury College, said in a statement. She added that the class enjoys a 100-percent attendance rate.

According to the KF, freshmen at Middlebury College are taking a three-hour online class twice a week. The foundation added that the classes are taught by professors in Korea through live streaming _____ the 13-hour time difference.

Other universities overseas, including Thang Long University in Vietnam, Ecole Normale Superieure and EDHEC Business School in France, have also launched the same program this year. Additional universities in Vietnam and Egypt will open e-lectures starting mid-October.

Korea Foundation 한국국제교류재단

1 다음 중 이 글의 내용과 일치하는 것은?

① 미들베리 대학의 한국어 강좌는 오프라인으로 진행된다.

② 미들베리 대학의 한국어 강좌는 한국외국어대학에서 단독으로 진행한다.

③ 미들베리 대학의 한국어 강좌의 한 반의 최대 학생 수는 14명이다.

④ 미들베리 대학의 한국어 강좌는 일주일에 2번, 3시간씩 강의를 듣는다.

⑤ 태국의 대학은 온라인 한국어 강좌를 실시할 예정이다.

2 이 글의 빈칸에 들어갈 말로 가장 적절한 것은?

① because of

② by

③ despite

④ such as

⑤ but

3 미들베리 대학의 한국어 강좌의 교과서 이름을 찾아 영어로 쓰시오.

_____

📖 VOCA

launch 시작하다	lecture 강의	liberal arts college 문과대학	foreign language 외국어
powerhouse 유력 집단	education 교육	announce 발표하다	develop 개발하다
provide 제공하다	conduct 행하다	jointly 공동으로	professor 교수
textbook 교과서	co-developed 공동 개발한	related 관련된	content 콘텐츠
in general 일반적으로	maximum 최대의	whereas 반면에	statement 성명서
attendance rate 출석률	freshmen 신입생	foundation 재단	time difference 시차
overseas 해외의	additional 추가의	e-lecture 온라인 강의	

02 | Banksy Seoul show embroiled in replica controversy

When the news spread that Banksy's works would be shown in Seoul at the exhibition "The Art of Banksy – Without Limits," it became one of the most anticipated shows. The exhibition kicked off on Aug. 27 at Seouliteum in eastern Seoul after touring 11 countries since 2016. A total of 25,000 tickets were sold in preorders before the opening, reflecting the popularity of the works and curiosity about the mysterious artist.

Soon after the show's opening, visitors began posting reviews expressing _____ that there were only a few original Banksy works. "It is a pity that thc show did not specify that most of the works are replicas," wrote one visitor who went to the exhibition. Among some 150 artworks, 27 of them are originals, according to exhibition organizer LMPE Company, which sought to clarify the issue. "There were some misunderstandings about the exhibition. We are preparing some leaflets that indicate which artworks are original," said Park Bong-su, a senior manager at LMPE Company. "Banksy is an artist who has been outspoken on social issues. The exhibition aims to deliver the artist's messages and help audiences realize they can also spread positive influences to the world in their own ways." The Seoul-based organizer has offered to refund those who wished to cancel their visits.

The exhibition includes three original prints from Banksy – "Smiling Copper," "Consumer Jesus (Christ with Shopping Bags)" and "Bomb Hugger" – which bear the "Picture on Walls (POW)" mark, according to the organizer. POW is the name of a loose collection of street artists, including Banksy, established in 2003, allowing artists to sell directly without paying commission to a dealer.

1 다음 중 이 글의 내용과 일치하지 <u>않는</u> 것은?

① 뱅크시의 전시회는 2016년부터 시작되었다.

② 서울은 전시회가 열리는 12번째 장소이다.

③ 주최사는 전시 대부분의 작품이 복제품이라는 것을 명시하지 않았다.

④ 뱅크시는 사회적 문제를 예술로 표현한다.

⑤ 뱅크시 작품의 일부가 도난당했다.

2 이 글의 빈칸에 들어갈 말로 가장 적절한 것은?

① satisfaction

② frustration

③ excitement

④ relief

⑤ gratitude

3 주최사는 전시 관람을 취소하고자 하는 사람들에게 어떤 조치를 취하였는지 우리말로 쓰시오.

_____

📖 **VOCA**

embroil in ~에 휩쓸리게 하다	replica 복제품	controversy 논란	spread 퍼지다
exhibition 전시회	anticipated 기대되는	kick off 시작하다	preorder 선주문
reflect 반영하다	popularity 인기	work 작품	curiosity 호기심
mysterious 신비한, 불가사의한	opening 개봉	post 올리다	express 표현하다
frustration 불만	a few 소수의	original 원작의	pity 안타까운 일
specify 명시하다	misunderstanding 오해	leaflet 전단	indicate 알리다, 지시하다
outspoken 거침없는	social issue 사회적 문제	aim 목표로 하다	deliver 전달하다
audience 관객	realize 깨닫다	positive 긍정적인	influence 영향
organizer 주최자	bear 갖다	mark 표시	directly 직접적으로
commission 수수료	dealer 딜러		

75

03 | This year's Boryeong Mud Festival to take place online and offline

The municipality of Boryeong, a South Chungcheong Province city 190 kilometers south of Seoul, said the 24th version of its annual mud festival would mix online and offline events on Daecheon Beach during its 10-day run that begins on July 23. It also disclosed a total of 18 programs under the slogan of – "On and Off," eleven online contents and seven offline contents – for this year's mud festival. ⓐ

Online programs intended to help netizens enjoy various tourism resources and local food, as well as the mud festival itself, from home will include a mud experience event based on an interactive streaming system, guidance on dishes made of Boryeong's agricultural and fishery products, and an auction event for various products. ⓑ

Offline programs will include a mud spray shower booth, a self-made mud pack experience, and an absurd behavior content by 100 teams.

City officials said the safety of visiting tourists would be their top priority as far as offline events are concerned. ⓒ. Last year, the Boryeong Mud Festival was scaled down into an online festival due to fears of COVID-19 transmissions. "Our city has decided to combine online and offline events this year, as it is expected that daily life would be restored somewhat due to the increasing vaccinations against COVID-19," Boryeong Mayor Kim Dong-il said. ⓓ

Boryeong is famous for its wide mudflats formed along the western coast, with its high-quality mud that is rich in minerals and known to help prevent skin aging. Since 1998, the central South Korean city has organized the mud festival as part of efforts to promote its natural resources among international tourists. ⓔ

정답 및 해설 p.16

1 다음 중 이 글에서 언급되지 않은 것은?

① 축제 기간
② 축제 프로그램
③ 축제 슬로건
④ 축제 조직 이유
⑤ 축제 온라인 사이트

2 이 글의 ⓐ~ⓔ 중 다음 문장이 들어갈 곳으로 가장 적절한 곳은?

To that end, quarantine booths will be installed throughout the city, including at the entrance to Daecheon Beach, Daecheon Station, and bus terminals.

① ⓐ   ② ⓑ   ③ ⓒ   ④ ⓓ   ⑤ ⓔ

3 올해 보령 머드축제의 슬로건을 이 글에서 찾아 영어로 쓰시오.

_____

📖 **VOCA**

mud 진흙	take place 열리다	version 버전	annual 연례의
disclose 밝히다	slogan 슬로건, 구호	intend to ~할 의도이다	netizen 네티즌
various 다양한, 여러 가지의	include 포함하다	interactive 상호적인	guidance 지도, 지침
dish 요리	agricultural 농업의	fishery 어업의	auction 경매
shower booth 샤워부스	pack 팩	absurd 우스꽝스러운	official 관계자
priority 우선순위	concern 염려하다	quarantine 격리	install 설치하다
scale down 규모를 줄이다	fear 두려움	transmission 전염, 전파	combine 결합하다
restore 회복시키다	increasing 증가하는	vaccination 백신 접종	mudflat 개펄
form 형성하다	skin aging 피부노화	organize 조직하다	international tourist 해외 관광객

77

04 | First walking tour in London held to introduce Korean history

A walking tour has been held in the United Kingdom for locals interested in Korean culture and history. The Korea Tourism Organization, along with the Korean Cultural Center UK, jointly launched a walking tour on June 30, to showcase locations and symbolic features in the city that have a connection to Korea.

The two-hour tour was designed to reach out to British citizens craving future visits to Korea, while still waiting for the relaunch of cross-border travels following the pandemic. Held under the slogan, "Where London Meets Korea," 20 people were selected in a lottery, among some 417 applicants who signed up.

A local guide joined the tour, explaining the history and culture of Korea in detail and its relationship to the United Kingdom. To commemorate the 71st anniversary of the Korean War, and remember the British soldiers who fought for the war during the period, the tour began at the Korean War Memorial near the River Thames.

Strolling through London's city center, the tours visited the Korean Cultural Center UK and Trafalgar Square, which served as the venue for the London Korean Festival 2015, held in August. Afterward, festival participants went to the British Museum's Korea Gallery, delving into the historical culture and art pieces from Korea that are on display at the exhibit. The walking trip ended by sunset, wrapping up the experience with Korean restaurants and shops to enjoy in the city.

"We will continue to make efforts to increase curiosity about Korea and encourage more British people to visit the country when international travel resumes," Lee Sang-min, head of the KPO's London branch said in a press release.

Korea Tourism Organization 관광청
Korean Cultural Center 한국문화센터

정답 및 해설 p.17

1 다음 중 런던 도보 여행의 목적으로 가장 적절한 것은?

① 영국에 한국의 역사를 더 알리기 위해

② 런던 내 한식당을 홍보하기 위해

③ 6.25 전쟁 당시 참전했던 영국군을 기억하기 위해

④ 코로나가 끝난 후 한국을 방문하고 싶은 영국 국민들을 위해

⑤ 한국과 영국의 우호적인 관계를 수립하기 위해

2 다음 중 런던 도보 여행 참가자들이 방문할 곳이 <u>아닌</u> 곳은?

① 주영 한국 대사관

② 한국전쟁 기념비

③ 트라팔가 광장

④ 대영박물관

⑤ 런던 내 한국 상점

3 런던 도보 여행의 슬로건을 윗글에서 찾아 영어로 쓰시오.

_____

📖 VOCA

introduce 소개하다	local 지역주민	interested in ~에 관심이 있는	jointly 합동으로
launch 시작하다	showcase 선보이다	symbolic 상징적인	features 특색, 특징
connection 연결, 관련	design 계획하다	reach out 접근하다	crave 갈망하다
relaunch 다시 선보이다	cross-border 국경을 넘는	pandemic 세계적인 유행병	select 선정하다
lottery 추첨	applicant 신청자	sign up 신청하다	commemorate 기념하다
anniversary 기념일	period 기간	War Memorial 전쟁 기념비	stroll 거닐다
venue 장소	participant 참가자	delve into 탐구하다	art piece 예술 작품
display 전시	exhibit 전시회	wrap up 마무리하다	curiosity 호기심
encourage 장려하다	resume 재개하다	branch 지사	press release 언론 공개

05 | TV shows boost book sales

Books that have been shown on TV entertainment shows are sweeping bestselling charts, reaching bestsellers lists in travel, poetry and cooking categories, according to the country's largest bookstore chain Kyobo Book Center.

ⓐ *A Walk in the Woods* by Bill Bryson, for example, became the bestselling travel book after screenwriter Kim Eun-hee introduced the book on KBS2's "The Book U Love." After the episode with a 2.3 percent viewership rating was broadcast, sales of the book increased by 101 times. ⓑ

"The Book U Love" visits celebrities at their homes to discuss their most treasured books, which are then donated toward building a library in underserved areas. The books introduced each week have all shot up in sales, with Kyobo Book Center creating an event page on the website that shows books featured in each episode.

ⓒ When poet Won Tae-yeon appeared on tvN's "You Quiz on the Block" on Jan. 6, his *No One Else* reached the top of the poetry chart. After the two authors of *Cooking is Feeling*, who had learned Korean just to write the book, appeared on the same episode as Won, sales of the book increased 661 times, becoming the bestselling cookbook last week. ⓓ

Many "mediasellers" – a portmanteau of media and bestsellers – are clearly labeled with the programs in which they were featured in order to attract more readers. For the TV entertainment sellers, 73.8 percent of the buyers were women, 31.9 percent of them were in their 40s and 25.3 percent were in their 30s. ⓔ

Such a trend is nothing new. When K-pop band BTS read Sohn Won-pyung's *Almond* on the BTS reality show in September last year, sales of the popular novel

skyrocketed. It became the most checked-out book at public libraries in Korea last year, proving to be especially popular among women in their 40s.

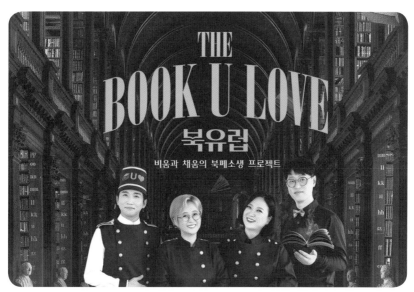

1 다음 중 이 글에 관한 내용과 일치하지 <u>않는</u> 것은?

① 빌 브라이슨의 "나를 부르는 숲"은 한 시나리오 작가가 방송에서 언급했다.

② 방송 프로그램 "북유럽"에 소개되는 책들의 판매량이 급등했다.

③ 책 "요리는 감이여"의 저자는 책을 쓰기 위해 한글을 배웠다.

④ "미디어 셀러"는 미디어와 베스트셀러를 합친 합성어이다.

⑤ BTS가 방송에서 읽은 책이 작년 기준 한국에서 가장 많이 판매되었다.

2 이 글의 ⓐ~ⓔ 중 다음 문장이 들어가기에 가장 적절한 곳은?

> Authors appearing on talk shows are influencing bestsellers charts as well.

① ⓐ   ② ⓑ   ③ ⓒ   ④ ⓓ   ⑤ ⓔ

3 책 "요리는 감이여"는 토크쇼에 등장한 후 판매량이 얼마나 올랐는지 우리말로 쓰시오.

_____

📖 VOCA

boost 신장시키다	sales 판매	entertainment 연예	sweep 휩쓸다
reach 이르다	poetry 시	category 분야	screenwriter 시나리오 작가
introduce 소개하다	viewership rating 시청률	increase 증가하다	celebrity 유명인사
treasured 소중하게 여기는	donate 기부하다	underserved area 서비스가 부족한 지역	feature 특별히 나오다
poet 시인	author 작가	appear 출연하다	portmanteau 혼성어
label 라벨을 붙이다	attract 끌다	skyrocket 급등하다	checked-out 대여된
public library 공공도서관			

Chapter 7

01 | *The Very Hungry Caterpillar* author Eric Carle dies at age 91

Eric Carle, author of the beloved children's book, *The Very Hungry Caterpillar*, died on May 23 at the age of 91. Carle worked on more than 70 children's books during ⓐ <u>his</u> long career as an author and illustrator. Insects were often the subjects of his books.

The Very Hungry Caterpillar was first published in 1969. It is a story about a hungry caterpillar growing into a multi-colored butterfly after eating apples, pears, oranges, cake, Swiss cheese, and much more for a week. The book helps children understand concepts such as numbers and the days of the week. It includes lines like, "On Monday he ate through one apple. But he was still hungry. On Tuesday he ate through two pears, but he was still hungry."

The Very Hungry Caterpillar has been translated into more than 60 languages and sold about 55 million copies. The book was originally about a bookworm titled *A Week with Will the Worm*, but Carl took ⓑ <u>his</u> editor's advice and changed the bookworm into a caterpillar. "I remember that as a child, I always felt I would never grow up and be big and articulate and intelligent. *Caterpillar* is a book of hope: you, too, can grow up and grow wings," Carle told the New York Times in 1994.

ⓒ <u>His</u> children's book career began in 1967 when Bill Martin Jr. hired him to illustrate ⓓ <u>his</u> book *Brown Bear, Brown Bear, What Do You See?* Through books like *Brown Bear, Brown Bear, What Do You See?*, *Do You Want to Be My Friend?*, and *From Head to Toe*, Carle introduced universal themes in simple words and bright colors. He also had an excellent understanding of how to write for children. With sparse words, repetition, and a focus on processes and cycles, ⓔ <u>his</u> stories are beloved by millions of children.

1 다음 중 동화 "배고픈 애벌레"에 관한 것으로 일치하지 <u>않는</u> 것은?

① 1967년 출간되었다.

② 아이들이 숫자와 요일 개념을 이해하는 데 도움을 줬다.

③ 60개 이상의 언어로 번역되었다.

④ 약 5,500만 부가 판매되었다.

⑤ 원래 주인공은 애벌레가 아닌 책벌레였다.

2 이 글의 밑줄 친 ⓐ~ⓔ 중 가리키는 것이 다른 하나는?

① ⓐ   ② ⓑ   ③ ⓒ   ④ ⓓ   ⑤ ⓔ

3 동화 "배고픈 애벌레"의 원래 제목을 이 글에서 찾아 영어로 쓰시오.

_____

📖 VOCA

caterpillar 애벌레	author 작가	beloved 사랑받는	career 경력, 이력
illustrator 삽화가	subject 주제	publish 출판하다	grow 자라다
multi-colored 알록달록한	pear 배	understand 이해하다	concept 개념
translate 번역하다	million 백만	originally 원래는	bookworm 책벌레
editor 편집자	articulate 잘 표현하는	intelligent 똑똑한	hire 고용하다
introduce 소개하다	universal 일반적인	theme 주제	sparse 드문, 희박한
repetition 반복	focus on ~에 집중하다	process 과정	cycle 사이클, 순환

02 | Cinco de Mayo

Cinco de Mayo means "fifth of May" in Spanish. It is a celebration of the Mexican defeat of the French at the Battle of Puebla in 1862. At that time, Mexico had abundant natural resources and gold, making it vulnerable to other countries seeking to exploit this wealth.

The battle was a significant victory for the Mexican army against the larger French Empire army. The Mexican army was greatly outnumbered; there were 4,000 Mexican soldiers to France's 8,000 soldiers. After the failure of the French in the war, no subsequent European invasion of the Americas succeeded. Their success helped Mexicans feel very proud and helped create a sense of national unity. Cinco de Mayo is not a national holiday in Mexico and is probably celebrated more widely in the United States. The occasion has become synonymous with celebrating Mexican American culture and is very popular in the United States.

Mexico's Independence Day, September 16, is a bigger holiday in most of Mexico than Cinco de Mayo. Most of the Cinco de Mayo celebrations in Mexico take place in the town of Puebla, where people dress up as Mexican and French soldiers to march in a parade and re-enact the Mexicans' victory over the French.

During the George W. Bush administration in 2005, the celebration was recognized as a national holiday in the United States for its historical significance. On this day, many people enjoy traditional Mexican foods such as tacos, burritos, and enchiladas. Every year, 81 million pounds of avocados are eaten on Cinco de Mayo in the U.S. Also, traditional Mexican dances, dresses, and decorations are the exciting parts of the anniversary.

1 다음 중 "Cinco de Mayo"에 관한 것으로 적절한 것은?

① 9월 16일이다.
② 멕시코에서는 독립기념일보다 더 큰 휴일이다.
③ 미국의 국가 공휴일이다.
④ 주로 멕시코의 수도인 멕시코시티에서 열린다.
⑤ 미국보다 멕시코에서 더 성대하게 열린다.

2 다음 중 미국에서 "Cinco de Mayo"를 즐기는 방법이 <u>아닌</u> 것은?

① 국가 휴일로 지정되었다.
② 멕시코 전통 음식을 먹는다.
③ 많은 양의 아보카도를 소비한다.
④ Puebla 전투에서 프랑스를 상대로 승리를 거둔 것을 재연한다.
⑤ 멕시코 의상을 입고 전통 멕시코 춤을 춘다.

3 전쟁 당시 멕시코에 풍부했던 두 가지를 이 글에서 찾아 영어로 쓰시오.

_____

📖 **VOCA**

Cinco de Mayo 5월 5일(스페인어)	mean 의미하다	celebration 축하	defeat 승리, 타도
abundant 풍부한	resources 자원	vulnerable 취약한	exploit 착취하다
wealth 부	battle 전투	significant 중요한, 커다란	empire 제국
army 군대	outnumber 수적으로 우세하다	subsequent 그 다음의	invasion 침략
proud 자랑스러운	sense ~감각	national unity 국민 단합	national holiday 국경일
probably 주로, 대개	widely 널리	occasion 행사	synonymous 동의어인
Independence Day 독립기념일	take place 열리다	parade 퍼레이드	re-enact 재연하다
administration 정부	recognize 인정하다	significance 중요성	anniversary 기념일

03 | Youn Yuh-jung wins Oscar

Veteran actor Youn Yuh-jung, 73, won the best supporting actress prize at the 93rd Academy Awards on April 26 for her portrayal of eccentric grandmother Soon-ja in the US film "Minari." Youn became the first Korean to win an Oscar trophy in an acting category. No other Korean actor, including those from last year's breakthrough Oscar winner "Parasite," had received any trophies from the Academy Awards.

"Tremendous thanks to Academy members who vote for me," Youn said during ⓐ her acceptance speech made at Union Station in Los Angeles, where this year's ceremony was held in a hybrid form. She also thanked ⓑ her four co-stars in the film – Steven Yeon, Han Ye-ri, Alan Kim and Noel Kate Cho – as well as Korean American director Lee Isaac Chung. "He was our captain and my director, so thanks to him," she said.

"Minari" depicts the story of a first-generation Korean immigrant family of four – dad Jacob (Yeon), mom Monica (Han), son David (Kim) and daughter Anne (Cho). The family relocates to rural Arkansas to pursue the American dream. One day, grandma Soon-ja comes to America to look after the two kids. At first, David does not like Soon-ja, but as they spend time together, she starts to grow on him.

In her speech, Youn spoke modestly about ⓒ her win. "I don't believe in competition. How can I win over Glenn Close? I've watched ⓓ her so many performances. All five nominees are winners of different movies," she said. She ended her speech by showing gratitude to late director Kim Ki-young who helmed ⓔ her first movie "Woman of Fire." That came out in 1971, with Youn portraying housemaid Myungja.

1 다음 중 이 글의 내용과 일치하지 <u>않는</u> 것은?

① 윤여정은 한국인 최초로 오스카 연기 부문에서 수상하였다.
② 영화 "미나리"의 감독은 한국계 미국인 스티븐 연이다.
③ 영화 "미나리"는 1세대 한국인 이민 가족의 모습을 그린 영화이다.
④ 윤여정은 오스카 수상 소감에서 다른 경쟁자들에 대해 언급했다.
⑤ 윤여정 배우의 첫 영화는 "Woman of Fire"이다.

2 이 글의 밑줄 친 ⓐ~ⓔ 중 가리키는 것이 다른 하나는?

① ⓐ   ② ⓑ   ③ ⓒ   ④ ⓓ   ⑤ ⓔ

3 다음 영영풀이에 해당하는 단어를 이 글에서 찾아 영어로 쓰시오.

a person who has a lot of experience in a particular area or activity

_____

📖 **VOCA**

Oscar 오스카상, 아카데미상
eccentric 별난, 괴짜인
tremendous 엄청난
hybrid form 혼합된 형태
immigrant 이민자
look after 돌보다
nominee 지명자

veteran 베테랑, 전문가
trophy 트로피
vote 투표하다
co-star 함께 출연한 배우
relocate 이주하다
modestly 겸손하게
gratitude 감사

supporting actress 조연 여배우
category 분야
acceptance speech 수상 소감
director 감독
rural 시골의
competition 경쟁
helm 이끌다

portrayal 묘사
breakthrough 놀라운
ceremony 행사
depict 묘사하다
pursue 좇다
performance 연기
housemaid 식모

04 | Culture Ministry to use 'hanji' for award certificates

Starting this year, award certificates presented by the Ministry of Culture, Sports and Tourism will be on "hanji," Korea's traditional paper handmade from mulberry trees. The purpose is to support the nation's hanji industry, which is suffering from a lack of demand despite its competitive quality, the ministry announced.

The ministry stated last month that they had established a hanji consultative body in October 2020, with the participation of both central and local governments, to learn what industry experts are seeking to create demand. In meetings, the experts asked the ministry to use hanji as paper for certificates, and the ministry took action on the idea.

According to the ministry, hanji is recognized for its _____. Hanji does not tear easily, compared to other forms of paper. In 2017, the Louvre Museum in France adopted hanji as the paper used for restoring historical relics, after comparing it with Japan's traditional paper, washi, made from gampi tree, and China's, xuan, commonly known as rice paper. Since 2016, Italy's Higher Institute for Conservation and Restoration has certified five types of hanji as "cultural heritage repair and restoration papers."

The ministry plans to utilize hanji not only on making award certificates, but also producing public goods such as visitors' books, and distributing them to embassies and cultural centers, along with promotion for local festivals and programs that facilitate the understanding and use of traditional papers.

Ministry of Culture, Sports and Tourism 문화체육관광부
Higher Institute for Conservation and Restoration 고등 보존 및 복원 기관

1 문체부에서 수여하는 상장을 한지로 제작하려는 목적은 무엇인가?

① 국내 한지 산업을 활성화시키기 위해

② 상장의 품질을 높이기 위해

③ 한지의 우수성을 세계적으로 홍보하기 위해

④ 일반 종이보다 심미적으로 뛰어나서

⑤ 일반 종이보다 가격이 더 저렴해서

2 이 글의 빈칸에 들어갈 말로 가장 적절한 것은?

① flexibility

② historical importance

③ durability

④ beauty

⑤ rarity

3 프랑스 루브르 박물관은 한지를 어떠한 용도로 도입했는지 우리말로 쓰시오.

_____

📖 **VOCA**

award certificate 상장	present 수여하다	traditional 전통의	handmade 수제의
mulberry tree 뽕나무	purpose 목적	support 지원하다	industry 산업
suffer from ~으로 고통받다	demand 수요	despite ~에도 불구하고	competitive 경쟁력 있는
quality 품질	announce 발표하다	state 명시하다	establish 설립하다
consultative body 자문 기구	participation 참여	take action 조치를 취하다	recognize 인정하다
tear 찢다, 찢어지다	compared to ~와 비교하여	adopt 채택하다	restore 복원하다
historical 역사적인	relics 유물	commonly 일반적으로	certify 증명하다
heritage 유산	restoration 복원	utilize 활용하다	produce 제작하다
public goods 공공재	distribute 배포하다	embassy 대사관	facilitate 가능하게 하다

05 | National Folk Museum reopens exhibition with 20th-century items

Some visitors may experience a wave of nostalgia after viewing old pop LP records, old-style record players, and a nickel-silver "dosirak" container (lunchbox) at the National Folk Museum of Korea. The items are on display in Permanent Exhibition Hall 2, which reopened March 20 after extensive renovation.

"Previously, the exhibition here focused on showcasing relics from the late Joseon era. The new exhibition not only showcases items from the Joseon era but also items from modern and contemporary Korea," National Folk Museum of Korea Senior Curator Jung Yon-hak told The Korea Herald.

This exhibition of retro items is part of the museum's long-term vision to turn the National Folk Museum into a place that young visitors can enjoy. It believes these exhibits can attract young people interested in "newtro" (new but retro) trends.

The changed hall has five sections Jeongwol (the first month in the lunar calendar), Spring, Summer, Autumn, and Winter and under the overarching theme "A Year in Korea," retro items are placed here and there throughout the hall.

In the Summer section, traditional items that were used in the season during the Joseon era, such as fans and body pillows, are exhibited on one side of the hall. An electric fan, an ice maker for bingsu (shaved ice with sweet toppings), and a swimsuit from the 20th century, are on display on the other side.

"A Year in Korea" accepts 100 visitors per hour in compliance with the

government's social distancing rules. Reservations can be made on the National Folk Museum of Korea website. Tickets can also be bought on-site. Admission is free.

National Folk Museum 국립민속박물관
Permanent Exhibition Hall 상설전시관

1 다음 중 이 글에서 설명하는 전시의 내용과 일치하지 <u>않는</u> 것은?

① 전시관은 재개관 전 대대적인 보수 공사를 진행했다.

② 조선 시대의 유물들을 볼 수 있다.

③ 복고풍의 물건들이 전시되어 있다.

④ 시간당 100명씩 입장 가능하다.

⑤ 관람표는 웹 사이트에서만 구매할 수 있다.

2 다음 중 전시품으로 언급되지 <u>않은</u> 것은?

① 부채

② 죽부인

③ 빙수 기계

④ 수영복

⑤ 아날로그 TV

3 이 글에서 설명하는 전시의 테마를 찾아 영어로 쓰시오.

_____

📖 **VOCA**

wave (감정 등이) 밀려옴	nostalgia 추억	nickel-sliver 양은의	container 용기
lunchbox 도시락	on display 전시 중인	extensive 광범위한	renovation 보수 공사
previously 이전에는	relics 유물	era 시대	modern and contemporary 근현대의
long-term 장기간	vision 비전	exhibit 전시	retro 복고풍의
section 부분	lunar calendar 음력	overarching 대단히 중요한	theme 주제
pillow 베개	electric fan 선풍기	swimsuit 수영복	value 가치
accept 받아들이다	in compliance with ~에 따라	social distancing 사회적 거리두기	on-site 현장에서
admission 입장료			

Chapter 8

01 | Advantages and disadvantages of working from home

With the current Covid-19 pandemic, most office workers have been forced to work from home. Many people have had to set up offices in their place of residence. With this development, there are both advantages and disadvantages that arise.

Some of the advantages that people have when they work from home include saving time and money because there is no commute, flexibility because the worker chooses the most productive time to work and makes their own schedule, and reduction of distractions because there are no employees or co-workers. ⓐ _____ there are disturbances at home, they are easier to control. Also, at home, stress can be avoided because when the worker feels that work is negatively affecting their wellbeing, they can stop and take a break. Working from home improves the work-life balance because the professional can take care of his or her home and work at the same time.

There are several disadvantages that a person faces when they work from home, a good example being the great need for self-discipline. It is a challenge for a person who is used to the working environment to work from home because the home environment is informal, hence mostly unsuitable for professional work. Also, it can get lonely because the worker does not have his or her colleagues. This loneliness expands to the absence of help because at home, it is harder to ask for help from co-workers or organizational leaders, hence the worker may not do their work the best way. ⓑ _____ it is difficult to distinguish between professional and personal life at home, the worker can either shut down or overwork. Another disadvantage is the distractions at home, especially if there are little children who may disturb the worker during office hours.

1 다음 중 재택근무의 장점으로 언급되지 <u>않은</u> 것은?

① 통근에 필요한 시간과 돈을 절약할 수 있다.

② 동료들과의 갈등을 줄일 수 있다.

③ 근무 시간을 유연하게 조절할 수 있다.

④ 주의 분산이 줄어들 수 있다.

⑤ 워라밸을 향상시킬 수 있다.

2 이 글의 빈칸 ⓐ와 ⓑ에 들어갈 말로 가장 적절한 것은?

	ⓐ	ⓑ
①	Although	If
②	When	Because
③	Although	When
④	Although	Because
⑤	When	Although

3 밑줄 친 <u>co-workers</u>와 바꿔 쓸 수 있는 단어를 이 글에서 찾아 한 단어로 쓰시오.

_____

📖 **VOCA**

advantage 장점	disadvantage 단점	work from home 재택근무하다	pandemic 세계적인 유행병
force 강요하다	set 세우다	residence 주거지	development 발전
arise 생기다	commute 통근	flexibility 유연성	productive 생산적인
reduction 감소	distraction 집중을 방해하는 것	employee 직원	co-worker 동료
disturbance 방해	negatively 부정적으로	affect 영향을 미치다	wellbeing 행복, 복지
balance 균형	professional 전문인	at the same time 동시에	face 직면하다
self-discipline 자제력	informal 편안한	hence 이런 이유로	unsuitable 적합하지 않은
loneliness 외로움	absence 부재	organizational 조직적인	distinguish 구별하다

02 | Traditional music made hip

Gugak, traditional Korean music, is having a moment, buoyed by a growing appreciation from a wider audience both in and out of Korea. ⓐ

While a new generation of gugak artists has been breathing new life into the centuries-old genre over the past few years, outreach to a broader audience had eluded them in a country where contemporary music, especially K-pop, dominates. ⓑ Video may have killed the radio star, but it has given new life to gugak.

A new generation of gugak artists is targeting the millennials on digital platforms with dances and eye-catching visual effects. The Korea Tourism Organization's promotional campaign video series "Feel the Rhythm of Korea" has garnered more than 300 million views. The six videos, showcasing the main attractions in the cities of Seoul, Busan, Jeonju, Gangneung, Andong and Mokpo, feature a modern take on pansori, a traditional form of narrative singing. ⓒ

While band Leenalchi's catchy songs, which were inspired by pansori, featured in the videos became hits, it was the Ambiguous Dance Company dancers, clad in eye-catching red costumes, who gave new life to the music with their contemporary dance movements. ⓓ Comments such as "This is so hip," "I have never seen something which is so Korean and hip 동시에" followed. ⓔ

The new trend in the delivery of gugak is similar to how K-pop music reached fans around the world. K-pop is more than just music, creating a complete experience with music videos, stage performances, fan events and more.

Korea Tourism Organization 한국관광공사

정답 및 해설 p.21

1 다음 중 이 글의 관한 내용과 일치하지 <u>않는</u> 것은?

① 최근 들어 국악을 이해하는 층이 넓어지고 있다.

② 신세대 국악 예술가들은 오프라인 활동을 주로 하고 있다.

③ 한국관광공사의 캠페인 영상은 조회수 3억 회를 기록했다.

④ 한국관광공사의 캠페인 영상에서는 현대적인 안무를 볼 수 있다.

⑤ 최근 국악의 홍보 트렌드는 예전 K-pop과 비슷하다.

2 이 글의 ⓐ~ⓔ 중 주어진 문장이 들어갈 곳으로 가장 적절한 것은?

Recently, however, gugak has caught the attention of a broader audience with a wider spectrum of traditional music.

① ⓐ   ② ⓑ   ③ ⓒ   ④ ⓓ   ⑤ ⓔ

3 이 글의 밑줄 친 우리말을 주어진 단어를 이용하여 영작하시오. (same)

_____

📖 **VOCA**

traditional 전통의
appreciation 이해
breath 불어넣다
contemporary 현대의
target 목표로 하다
promotional 홍보의
narrative 이야기식의
comment 댓글

hip 유행에 밝은
wider 더 넓은
centuries-old 몇 백년 된
especially 특별히
millennial 신세대
campaign 캠페인, 운동
inspire 영감을 주다
delivery 전달

moment 순간
audience 관객
genre 장르
dominate 지배하다
eye-catching 눈길을 끄는
garner 얻다
clad in ~한 옷을 입은
reach 다다르다

buoy 뜨게 하다
generation 세대
outreach 도달 거리
spectrum 범위, 스펙트럼
visual effect 시각 효과
feature 특징을 이루다
costume 의상
stage performance 무대 공연

99

03 | Graffiti artist JonOne wants his damaged work restored

Artwork by a US graffiti artist that was damaged by two viewers is likely to be restored at the request of the artist, according to the co-organizer of the exhibition. "We received a reply from the artist saying he wants the work to be restored. We will discuss 예술가를 설득할 것인지 again," Kang Wook, CEO of Contents Creator of Culture, the co-organizer of the exhibition told The Korea Herald on April 6th.

The artwork "Untitled" by JonOne was mistakenly damaged by a young couple on March 28 at the exhibition "Street Noise" at Lotte World Mall in Seoul. The CCTV footage shows the couple applying brush strokes on the piece using a brush and paint cans which were on display as part of the exhibition.

The couple later said they never intended to damage the artwork and had mistakenly thought that it was a participatory work that invited viewers to paint. The restoration is estimated to cost about 10 million won ($8.922), according to the co-organizer.

"_____ it is obvious who vandalized the piece, the couple is likely to be charged for the cost. But, if is decided that the work will be restored after the exhibition ends, we will continue to discuss how to resolve the issue smoothly," Kang added. "There are many stakeholders, including the artist, investors, exhibition organizers, the collector, as well as the young couple. It is a complicated issue."

Kang added there was a yellow line on the ground around the work and a sign notifying people to stay away from the work. The work has been installed several times in the past along with the paint cans and brushes that the artist used, but this was the first time it has been damaged. The artwork is estimated to be worth about 500 million won. The exhibition runs through June 13.

1 이 글에 따르면 커플은 작품을 어떻게 훼손시켰는가?

① 사진을 찍다 작품에 흠집을 냈다.

② 마시고 있던 커피를 작품에 쏟았다.

③ 전시되어 있던 페인트와 붓으로 작품에 붓칠을 했다.

④ 벽에 있던 작품을 떨어뜨렸다.

⑤ 작품을 손으로 만졌다.

2 이 글의 빈칸에 들어갈 말로 가장 적절한 것은?

① Because

② If

③ Although

④ Until

⑤ While

3 이 글의 밑줄 친 우리말과 같은 뜻이 되도록 주어진 단어를 알맞게 배열하시오.

(persuade, the artist, whether, to)

_____

📖 **VOCA**

graffiti 그라피티, 낙서	damaged 손상된	restore 복원하다	artwork 예술 작품
request 요청	co-organizer 공동 주최자	exhibition 전시회	reply 답장
whether ~인지 아닌지	persuade 설득하다	mistakenly 실수로, 잘못하여	footage 장면
apply 바르다	stroke (글씨나 그림의) 획	on display 전시 중인	intend 의도하다
participatory 참여의	restoration 복원	estimate 추산하다	million 백만
obvious 분명한, 확실한	vandalize 공공기물을 파손하다	be likely to ~할 것 같다	charge 청구하다
resolve 해결하다	issue 문제	smoothly 순조롭게	stakeholder 이해 당사자, 주주
investor 투자자	complicated 복잡한	notify 고지하다	stay away 거리를 두다

04 | More Korean stars go vegetarian

It is no secret that Korea, a country well-known for its grilled meat like samgyeopsal, or pork belly, has not been particularly vegetarian-friendly. Celebrities revealing their love for meat is seen as natural, whereas stars who reveal their vegetarian diets are often treated as out of the ordinary in the media.

ⓐ Claudia Kim, also known as Kim Soo-hyun, who appeared in 2015's "The Avengers: Age of Ultron," revealed on MBC's "Omniscient" two years ago that she is a pescatarian. "I am a vegetarian who eats dairy products and seafood. I don't eat meat," Kim explained to the show's panelists who were unfamiliar with the term pescatarian.

She also talked about the difficulty that she faced as a vegetarian in Korea. ⓑ "In Korea, it was difficult to eat as a vegetarian because there were many hoesik (after-hours dinner meetings) at meat restaurants and also catered foods on shooting sites mostly consisted of meat-based foods. In Hollywood, it is much easier since the catering service offers a greater choice of foods," Kim said. ⓒ

Meanwhile, some Korean stars say they recently decided to become "flexitarian" eating mainly vegetarian food, but occasionally allowing meat into their diet because they care about the environment. ⓓ On Nov. 22, actor and YouTuber Yoon Seung-ah posted a video about how she started trying some vegan meals to take part in a campaign to eat less meat organized by the Seoul branch of Greenpeace.

She said she decided to join the campaign after finding out that a lot of carbon dioxide is emitted during the production of meat. ⓔ "I am not a vegetarian and I like meat. But after finding out about its impact on our environment, I am trying to consume less meat," Yoon said.

1 다음 중 pescatarian에 대한 정의로 옳은 것은?

① 유제품 및 모든 고기를 먹지 않는 채식주의자

② 유제품은 먹되 모든 고기를 먹지 않는 채식주의자

③ 모든 고기는 먹되 유제품은 먹지 않는 채식주의자

④ 유제품과 해산물은 먹되 육고기를 먹지 않는 채식주의자

⑤ 주로 채식을 먹으나 가끔씩 고기를 먹는 채식주의자

2 이 글의 ⓐ~ⓔ 중 주어진 문장이 들어갈 곳으로 가장 적절한 것은?

However, recent years have seen a growing number of Korean stars going vegetarian and actively talking about it.

① ⓐ　　　② ⓑ　　　③ ⓒ　　　④ ⓓ　　　⑤ ⓔ

3 밑줄 친 eat과 바꿔 쓸 수 있는 단어를 이 글에서 찾아 한 단어로 쓰시오.

_____

📖 VOCA

vegetarian 채식주의자	well-known 유명한	grilled 구운	pork belly 돼지 뱃살
particularly 특히	vegetarian-friendly 채식에 우호적인	celebrity 유명 인사	natural 자연스러운
whereas 반면에	reveal 밝히다	diet 식단	treat 다루다
ordinary 일반적인	appear 출연하다	omniscient 전지적인	pescatarian 부분 채식주의자
dairy product 유제품	seafood 해산물	panelist 출연자	unfamiliar 익숙하지 않은
term 용어	face 직면하다	cater 음식을 제공하다	shooting 촬영
site 장소	consist of ~로 구성되다	meat-based 육류 기반의	meanwhile 한편
flexitarian 반채식주의	occasionally 때때로	campaign 캠페인, 운동	carbon dioxide 이산화탄소
emit 배출하다	consume 먹다		

05 | Report finds increase in use of inappropriate language in Korean TV shows

Improper use of English subtitles and slang continues to increase in TV broadcasts, according to a Korea Communications Standards Commission report released last month. While the words and expressions are widely used by streamers on video-sharing platforms such as YouTube, Twitch and Afreeca TV, TV programs have also adopted such usage in recent years, _____ they deviate from the standard Korean language deemed proper for broadcast.

KCSC and Special Advisory Committee on Broadcasting Language, an affiliate organization, examined popular television programs from terrestrial broadcasters KBS, MBC, SBS and cable channels tvN and JTBC, that aired in the first half of 2021. The report evaluated the programs in three categories – inappropriate use of English subtitles, use of slang in TV shows and intentional writing errors.

The average number of English-subtitle usage, which it defined as written in a mix of Korean and English, recorded 68.2 times per television episode, according to the report. The number is 20.3 times more per episode from 2019 and 11.2 times more per episode from 2020.

The average number of times slang was used in each episode of a Korean TV show reached approximately 75. Popular expressions on social media, colloquialisms, and improper compound words were considered slang in the report.

Writing errors, intentionally made by the show's content creators, were detected 11 times per television episode among the terrestrial broadcasters and 47 times among the cable channels, the report said.

"The problems regarding to the inappropriate use of slang, mostly taken from the online communities, streamers' video content and foreign languages, continue to

rise," said KCSC in its latest press release.

At the same time, words and expressions, including slang, presented in the local TV shows are translated into foreign languages for the global viewers. "The translators do not have strict guidelines or rules to follow. Unless the Korean words are in the Oxford English Dictionary, the translation is made to deliver the meaning of the word to the audience," an official at the broadcaster told The Korea Herald.

Korea Communications Standards Commission 방송통신심의위원회

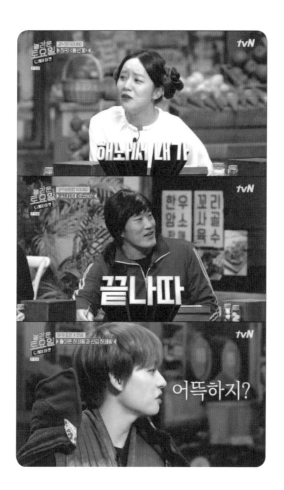

1 이 글에 따르면, 한국 TV 프로그램의 편당 비속어 사용 평균 횟수는 몇 회인가?

① 11.2회 　　② 20.3회 　　③ 35회 　　④ 47회 　　⑤ 75회

2 이 글의 빈칸에 들어갈 말로 가장 적절한 것은?

① because

② though

③ so

④ unless

⑤ until

3 방송통신위원회가 제출한 보고서에서 유명 프로그램들을 평가한 세 가지 범주를 우리말로 쓰시오.

1)＿＿＿＿＿＿＿＿＿＿＿＿＿＿＿＿＿＿

2)＿＿＿＿＿＿＿＿＿＿＿＿＿＿＿＿＿＿

3)＿＿＿＿＿＿＿＿＿＿＿＿＿＿＿＿＿＿

Chapter 9

01 | Jeju Female Divers 'haenyeo' Listed as FAO Agricultural Heritage System

The UN Food and Agriculture Organization has designated a <u>unique</u> fishing style of female divers on South Korea's southern island of Jeju who dive without oxygen masks as one of its world agricultural heritage systems, officials said.

The decision to list the Jeju Haenyeo Fisheries System on the Globally Important Agricultural Heritage Systems was made during a three-day General Assembly session at the FAO headquarters in Rome, according to Jeju City.

"Haenyeo," some in their 80s, refers to female divers on the southern resort island of Jeju who dive to the bottom of the sea to catch shellfish by holding their breath for more than a minute without oxygen masks, working for seven to eight hours a day.

The GIAHS, introduced by the FAO in 2002, is designed to preserve ecologically valuable farming methods that make much use of the local environment and rely on environmentally friendly land utilization systems to preserve biodiversity. It has designated over 60 sites around the world, including terraced rice paddies on Cheongsan Island, South Jeolla Province, and volcanic rock walls surrounding farming fields on Jeju Island.

In December 2018, Jeju Island applied for an FAO GIAHS, but it failed to win a designation. It had submitted supplementary documents to the FAO three times since 2019, but the organization's evaluation resumed only this year after a suspension due to the COVID-19 outbreak. In 2015, South Korea designated Jeju's women divers as the country's No. 1 major fisheries heritage.

General Assembly 총회
terraced rice paddies 계단식 논

정답 및 해설 p.23

1 다음 중 글의 내용과 일치하지 <u>않는</u> 것은?

① 유엔식량농업기구의 본부는 로마에 있다.

② 해녀 중에는 80대인 분들도 있다.

③ GIAHS는 환경적으로 가치가 높은 농법을 보호하기 위해 만들어졌다.

④ 해녀는 GIAHS에 지원한 후 곧바로 등재되었다.

⑤ 해녀는 한국 주요 어업 유산 1호로 재정되었다.

2 다음 중 밑줄 친 <u>unique</u>와 의미가 가장 유사한 것은?

① costly ② moral ③ positive ④ useful ⑤ unusual

3 이 글을 읽고 다음 빈칸을 채우시오.

Haenyeos are _____ _____ who dive to the bottom of the sea to catch seafood and they can hold their _____ for more than a minute without oxygen masks.

📖 VOCA

agricultural 농업의	heritage 유산	designate 지정하다	oxygen 산소
session 회기	headquarters 본부	refer to 지칭하다	resort 휴양의
hold (숨을) 참다	ecologically 생태적으로	valuable 가치 있는	environmentally friendly 환경친화적인
utilization 활용	biodiversity 생물 다양성	volcanic 화산의	rock wall 암벽
surrounding 둘러싼	apply 신청하다	submit 제출하다	supplementary 보충의
organization 기관	evaluation 평가	suspension 유예, 중단	outbreak 발발

02 | Paintings from London's National Gallery to be shown at National Museum of Korea

A special exhibition of European paintings from the 15th to 20th centuries kicked off on June 2 at the National Museum of Korea in collaboration with the National Gallery, London.

Titled "Masterpieces from the National Gallery, London," the exhibition shows a total of 52 renowned paintings from the London Museum through Oct. 9. The exhibition, which celebrates the 140th anniversary of diplomatic ties between Korea and the UK, is also a part of the National Gallery's Asia tour, scheduled to run through early 2024. The Seoul leg of the touring exhibition takes place following the show's first leg at Shanghai Museum in China, which ended May 7.

The pieces <u>cover</u> a wide range of European works, from Renaissance art to Impressionist works. Some notable artists whose work are presented at the museum in Seoul include Renaissance artists Botticelli, Raphael and Titian as well as Baroque masters Caravaggio, Poussin, Velazquez, Anthony van Dyck and Rembrandt. Works by Romantic painters Francisco Goya and Thomas Lawrence are shown along with Impressionist works by Edouard Manet, Claude Monet and Pierre-August Renoir. Paintings by post-Impressionist painter Vincent van Gogh also are on display.

The selection chosen for the special exhibition is representative of the National Gallery's history, and includes some paintings that are rarely seen in Korea. The institution hopes to offer a concise history of Western art at exhibitions in Asia. The exhibition costs 18,000 won for adults and 9,000 won for seniors aged 65 and older. For children and young adults, the admission ranges from 7,000 won to 15,000 won.

National Gallery 국립 미술관

정답 및 해설 p.24

1 다음 중 "Masterpieces from the National Gallery, London"에 관한 내용으로 일치하지 <u>않는</u> 것은?

① 15세기부터 20세기의 유럽 명화들이 전시된다.

② 전시되는 작품은 총 52개이다.

③ 빈센트 반 고흐의 작품이 전시된다.

④ 모든 작품들이 한국에서는 처음 전시되는 작품들이다.

⑤ 입장료는 연령대마다 다르다.

2 이 글의 밑줄 친 cover와 바꿔 쓸 수 있는 것으로 가장 적절한 것은?

① hide

② include

③ protect

④ reach

⑤ insure

3 아시아 투어가 처음 열린 나라가 어디인지 우리말로 쓰시오.

_____

📖 **VOCA**

special 특별한	exhibition 전시	century 세기	kick off 시작하다
masterpiece 걸작품	renowned 유명한	celebrate 축하하다	anniversary 기념일
diplomatic 외교의	tie 관계	scheduled 예정된	leg 구간
take place 열리다	cover 포함하다	wide range of 광범위한	work 작품
Renaissance 르네상스	Impressionist 인상주의	notable 주목할 만한	display 전시
selection 선정품	representative 대표	rarely 드물게	institution 기관
offer 제공하다	concise 간결한	adult 성인	senior 노인
admission 입장료	range 범위가 이르다		

03 | Joseon-era sundial was part of King Sejong's efforts to empower people

Before the advent of modern technology, having knowledge of time equaled power. By knowing time, one could control the everyday activities of ordinary people who did not have such resources. Those without access to time telling were entirely dependent on the sun and the ringing of the palace bell to structure their daily lives. "Angbuilgu," a type of hemispherical metal sundial created in 1434 during the reign of King Sejong the Great, did away with such a power dynamic. The sundial tells time by calculating the sun's position via the shadow it casts. By harnessing the sun's position and the measurement of the solar cycle, the angbuilgu granted people an unprecedented means to tell time accurately.

Unlike conventional flat sundials, the angbuilgu was concave and consisted of three key components: a round and concave dial plate called "siban," a gnomon – the part that casts a shadow – called "youngchim," and a pedestal. Invented by a team of scientists including Lee Soon-ji and Jang Yeong-sil, the astronomical instrument introduced a unique design, resembling a cauldron gazing skyward, which is why was named as angbuilgu.

According to Confucianism, it is the king's duty to inform the people of the correct time and seasons of the year. Rather than adorning the sundials with elaborate decorations and inscribing Chinese characters for time reading, King Sejong aimed for _____. Records show that two of the angbuilgu featured the 12 animals of the Chinese zodiac, making it comprehensible even to those who were unable to read. While various types of sundials were kept in the palace and available only to kings and top foreign envoys, King Sejong made angbuilgu accessible to the people by installing them outside the palace.

1 다음 중 "앙부일구"와 관한 내용으로 일치하지 <u>않는</u> 것은?

① 앙부일구가 발명되면서 시간을 안다는 것에 대한 권력이 사라졌다.

② 해의 위치와 한 해의 순환을 측정하여 정확한 시간을 알려 주었다.

③ 동그랗고 납작한 모양의 해시계였다.

④ 글을 읽을 수 없는 사람들도 시간을 볼 수 있도록 설계되었다.

⑤ 궁 밖에 설치되어 일반 사람들도 시간을 알 수 있었다.

2 이 글의 빈칸에 들어갈 말로 가장 적절한 것은?

① diversity

② balance

③ uniqueness

④ grace

⑤ simplicity

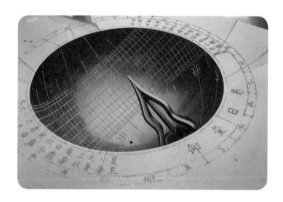

3 이 글에 따르면, 유교에서 말하는 왕의 의무는 무엇인지 우리말로 쓰시오.

_____

📖 VOCA

era 시대	sundial 해시계	empower 권한을 주다	advent 출현
equal 동등하게 하다	dependent on ~에 의존하는	structure 조직하다	hemispherical 반구형의
reign 통치 기간	dynamic 구조, 역학	calculate 계산하다	harness 이용하다
measurement 측정	solar cycle 태양 주기	unprecedented 전에 없었던	means 수단
accurately 정확히	conventional 전통적인	flat 평평한	concave 오목한
consist of 구성하다	component 부품	gnomon 바늘	cast (그림자를) 드리우다
pedestal 받침대	astronomical 천문학의	instrument 기계	resembling 닮은
cauldron 가마솥	gaze 바라보다	skyward 하늘쪽으로	Confucianism 유교
rather than ~라기보다	adorn 장식하다	elaborate 정교한	decoration 장식
inscribe 쓰다	Chinese characters 한자	aim 목표로 하다	simplicity 간단함
Chinese zodiac 12지신	comprehensible 이해할 수 있는	envoy 사신	accessible 접근 가능한

113

04 | Korea Film Archive unveils 113 videos of modern-day Korea

The Korea Film Archive released 113 videos documenting Korean society from the early 1900s to 1950s. The videos show the daily lives of Koreans, as well as the peninsula's natural scenery and urban landscape captured through the eyes of foreigners who filmed the clips while in Korea. "The archive will be a good reference for researchers in various fields related to the history of Korea, from Christian missionaries and education, to folklore," the Korea Film Archive said through a press release.

Among them, a notable video is the "Archives Korea 1930-1940," a collection of footage shot by James Henry Morris (1871-1942), a Canadian engineer and entrepreneur who helped construct the first tram line in the Joseon era. Morris, who came to Korea in 1899 working for a US railway company, also helped foreign film distribution and automobile companies set up shop in Korea, and often interacted with foreign diplomats and missionaries for business.

Obtained from the United Church of Canada Archives in 2020, the video is more than five hours long, and contains 여러 개의 희귀한 장면들. They include missionary activities in Korea by US and Canadian Presbyterian churches, the celebration of Ewha School's 50th anniversary, and diplomatic activities at the British Embassy located in Jeong-dong, Seoul.

Others in the archive are scenes of Joseon in the early 1900s and Korean royal banquet dances and festive activities. There are also videos of Koreans maintaining their traditional culture during the Japanese colonial era. The videos can be viewed at the Korea Film Archive's KMDb collection service website

Korea Film Archive 한국영상자료원

정답 및 해설 p.25

1 다음 중 한국영상자료원이 공개한 영상에 관한 내용과 일치하지 <u>않는</u> 것은?

① 영상은 외국인들이 촬영하였다.

② 주로 1900년대 초반에서 1950년대까지의 한국의 모습이 담겨 있다.

③ "Archives Korea 1930-1940"은 정확히 누가 촬영했는지 불분명하다.

④ 2020년 캐나다 교회 연합 기록에서부터 영상을 습득하였다.

⑤ 한국영상자료원의 웹 사이트에서 볼 수 있다.

2 다음 중 한국영상자료원이 공개한 영상에서 볼 수 있는 장면이 <u>아닌</u> 것은?

① 한반도의 도심 경관

② 조선 시대 최초의 전차선을 짓는 모습

③ 미국과 캐나다 교회가 선교하는 모습

④ 이화학당의 50주년 축하 모습

⑤ 서울에 있는 영국 대사관에서의 외교 활동 모습

3 이 글의 밑줄 친 우리말과 같은 뜻이 되도록 주어진 단어를 알맞게 배열하시오.

(scenes, of, number, a, rare)

_____

📖 VOCA

unveil 공개하다	release 공개하다	peninsula 반도	scenery 경관
urban 도시의	landscape 풍경	captured 포착된	clip 영상
reference 참고 자료	researcher 연구자	various 다양한	field 분야
related to 관련된	missionary 선교사	education 교육	folklore 민속
notable 주목할 만한	footage 장면	engineer 기사, 엔지니어	entrepreneur 사업가
construct 건설하다	era 시대	distribution 유통	automobile 자동차
interact 소통하다	diplomat 외교관	rare 희귀한	scene 장면
royal 국왕의	banquet 연회	festive 축제의	colonial 식민지의

05 | Admiral Yi Sun-sin's swords designated national treasures

Two long swords inscribed with the poems of Admiral Yi Sun-sin (1545-1598), a distinguished naval commander during the Joseon era, have been designated as national treasures, the Cultural Heritage Administration announced.

The two swords, approximately 2 meters in length and weighing 5 kilograms each, are currently housed within Hyeonchungsa Shrine in Asan, South Chungcheong Province. They are assessed to have served ceremonial rather than battlefield purposes.

"The dual swords hold significant historical value associated with Chungmugong (a posthumous title given to the great military commanders of the Joseon era), shedding light on the amalgamation of Japanese production techniques on top of the traditional sword-making methods of the Joseon era," the CHA said in explaining its rationale for the designation. The swords also exhibit remarkable artistry, demonstrated through the sharpness and durability of their blades, the CHA added.

_____ their considerable age, the agency stressed that the swords were well-preserved. Adorning the blades of each sword are verses authored by the admiral himself. Some lines read: "Pledging to the heavens to make the mountains and rivers tremble with this blade," and "Wielding the sword to stain the mountains and rivers with blood."

The inscribed characters on the swords' tangs – the back portion of the blade – indicate that they were created in 1594, along with the names of the two swordsmiths.

Prior to their official designation, debates revolved around whether to categorize

the items as Yi Sun-sin's "janggeom" or "jangdo," both of which refer to a long sword. The CHA clarified that "geom" represents a single-edged sword with a curved blade, while "do" features double-edged blades. After analyzing the swords' shape, they were classified as "jangdo."

Additional artifacts linked to Yi Sun-sin, including a hat ornament, a belt and a pair of peach-shaped goblets – all utilized by Admiral Yi during wartime – were collectively designated as treasures in 1963.

Cultural Heritage Administration 문화재청
tang (칼 따위의) 슴베(tongue)
goblet 고블릿(유리나 금속으로 된 포도주잔)

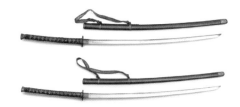

1 이순신 장군의 장도에 관한 내용과 일치하지 <u>않는</u> 것은?

① 충청남도 아산의 현충사에서 발견되었다.

② 전투용이 아닌 의전용으로 쓰였을 것이다.

③ 오래되었음에도 잘 보존되었다.

④ 칼을 만든 대장장이의 이름이 새겨져 있다.

⑤ 칼날이 양쪽 모두에 있다.

2 이 글의 빈칸에 들어갈 말로 가장 적절한 것은?

① Despite

② Because of

③ As

④ Thanks to

⑤ In addition to

3 이순신 장군의 장도가 제작된 해를 우리말로 쓰시오.

_____

📖 VOCA

admiral 장군	designate 지정하다	national treasure 국보	inscribed 새겨진
distinguished 유명한	naval 해군의	commander 지휘관	era 시대
weigh 무게가 나가다	shrine 사당	assess 평가하다	ceremonial 의례용의
battlefield 전쟁터	posthumous 사후 추서된	shed light on 밝히다	amalgamation 융합
rationale 이유	designation 지정	exhibit 보여 주다	artistry 예술성
demonstrate 보여 주다	sharpness 날카로움	durability 내구성	stress 강조하다
well-preserved 잘 보존된	adorn 장식하다	verse 구절	author 쓰다
tremble 흔들리다	wield 휘두르다	stain 얼룩지게 하다	portion 부분
swordsmith 대장장이	revolve around 위주로 전개되다	categorize 분류하다	refer to 지칭하다
clarify 명확하게 하다	curved 곡선의	artifact 유물	ornament 장식
utilize 활용하다	collectively 통틀어		

Chapter 10

01 | Hallyu fans number 178 million in 2022

The number of active Hallyu fans around the world reached 178 million in 2022, according to an annual report published by the Korea Foundation in cooperation with overseas missions. The figure is about an 18-fold increase from 9.26 million in 2012, when the Korea Foundation's survey was launched. In comparison, the population of Hallyu fans at 178 million would place it as the eighth-largest country in the world, just bigger than Bangladesh while trailing Brazil.

The general report, "2022 Global Hallyu Status," the 11th of its kind, analyzes the Korean Wave around the world. A total of 118 countries were surveyed for the latest report by 149 Korean diplomatic missions in the fields of broadcasting, film, K-pop, food, language, beauty and sports.

By continent, most Hallyu fans lived in Asia and Oceania, with 73.4 percent of all Hallyu fans in that region. China counted 84.3 million fans, while Thailand sat at 16.8 million and Vietnam saw 13.3 million. Europe showed the greatest growth in fandom size compared ⓐ_____ the previous year. There were about 13.2 million Hallyu fans there – a 37 percent increase from 2021's number.

The main factors behind the growth of Hallyu were seen as the success of Korean video content on global platforms and the increase in the number of Korean Wave fan clubs. The number of Hallyu fan clubs stood at 1,684, a 120 percent increase from 757 in 2012. Reasons contributing ⓑ_____ interest in Korean culture include K-pop's catchy melodies, creative choreography and messages behind the lyrics. Other factors included Hallyu's perceived trendy style, economic and cultural development model and an emphasis on etiquette and family.

Korea Foundation 한국국제교류재단

정답 및 해설 p.26

1 다음 중 글의 내용과 일치하지 <u>않는</u> 것은?

① 2022년 전 세계 한류 팬들의 숫자는 1억 7,800만 명이다.

② 전 세계 한류 팬들의 수는 10년 사이 18배가량 증가했다.

③ 유럽의 한류 팬들의 수는 2021년에 비해 약 37% 증가했다.

④ 한국의 동영상 콘텐츠의 성공이 한류에 영향을 미쳤다.

⑤ 한류 팬클럽의 수는 1년 사이 약 120% 증가했다.

2 다음 중 한국 문화가 인기 있는 이유로 이 글에서 언급되지 <u>않은</u> 것은?

① K팝의 멜로디

② 한국 배우들의 메이크업

③ K팝의 창의적인 안무

④ K팝 가사에 담긴 메시지

⑤ 예절과 가족에 대한 강조

3 이 글의 빈칸 ⓐ와 ⓑ에 공통으로 들어갈 전치사를 쓰시오.

📖 VOCA

million 백만	active 활동적인	reach 이르다	annual 연간의
cooperation 협력, 협조	overseas missions 재외공관	figure 수치	18-fold 18배
launch 시작하다	in comparison ~와 비교하여	population 인구	general report 종합 보고서
analyze 분석하다	diplomatic 외교의	broadcasting 방송	continent 대륙
region 지역	count 세다, 계산하다	fandom 팬덤	previous 이전의
factor 요인	catchy 기억하기 쉬운	choreography 안무	lyrics 가사
perceive 인지하다	economic 경제적인	emphasis 강조	etiquette 예절

121

One of the most efficient uses of energy to heat our homes is right under our feet. Koreans have been staying warm for millennia by using a minimum amount of fuel to cook while warming the home at the same time.

The "ondol," an elevated indoor floor, is heated when fire used for cooking is simultaneously repurposed for heating the house. Thermal energy from fuel burned for cooking or warming the room is transferred upward as the heat rises from the underfloor, warming up the stone slabs, which release the thermal energy gradually. The stone slabs called "gudeuljang," on which the indoor floor sits, are constructed with flat stone slabs and clay mud. Covered with oiled hanji, or mulberry paper, the elevated floor becomes a waterproof floor to sit and to sleep on. Ondol floors are the reason Korean homes have indoor living space where we take off shoes to enter and sit on warm floor, _____ chairs or sofas.

A traditional ondol room becomes a living room, a dining room when a low-legged dining table is brought in, a library or study room when the dining table is cleared of food and the table becomes a desk. At the end of the day, the multi-purpose ondol room turns into a bedroom with a warm floor.

The amount of heating is regulated by the amount of fuel burned, along with the amount of air let in from the mouth of the fire pit, which is called the "agungi."

Under the floor, there is a maze of airflow paths called "gorae." The lengthy maze spreads the thermal energy all around and keeps the warm air trapped underfloor 가능한 한 오래. A well-made ondol floor can stay warm for many days after the floor has been sufficiently heated.

1 다음 중 온돌과 관련된 설명으로 옳지 <u>않은</u> 것은?

① 온돌은 요리를 할 때 사용되는 불을 재사용하는 원리이다.

② 열을 방출하는 석판을 구들장이라고 한다.

③ 온돌은 한국이 집에 들어갈 때 신발을 벗는 문화를 갖게 된 이유이다.

④ 온돌방은 주로 침실로 이용했다.

⑤ 온돌 바닥 밑에는 공기의 흐름이 지나는 미로가 있다.

2 이 글의 빈칸에 들어갈 말로 가장 적절한 것은?

① in addition to

② instead of

③ including

④ such as

⑤ because of

3 주어진 단어를 알맞게 배열하여 밑줄 친 우리말과 같은 뜻이 되도록 영작하시오.

(as, as, possible, long)

📖 VOCA

heating system 난방 시스템	efficient 효과적인	stay warm 따뜻하게 지내다	millennia 수천 년
minimum 최소의	elevated 올려진	simultaneously 동시에	repurpose 다른 목적에 맞게 만들다
thermal energy 열에너지	transfer 옮기다	stone slab 석판	gradually 점진적으로
construct 건설하다	clay mud 진흙	mulberry paper 뽕나무 종이	waterproof 방수의
take off 벗다	instead of ~대신에	clear 치우다	multi-purpose 다목적의
release 배출하다	efficiently 효과적으로	regulate 조절하다	pit 구덩이
maze 미로	lengthy 매우 긴	airflow 공기 흐름	trap 가두다
sufficiently 충분하게			

03 | Campaign banners to be upcycled to bags and wallets

Campaign banners used for the June 1 local elections will be reborn as products such as bags and wallets according to the Seoul Metropolitan Government.

The Seoul Metropolitan Government said that it would promote a recycling project in cooperation with Seoul districts and Seoul Upcycling Plaza to reuse the campaign banners as materials for everyday products.

Campaign banners used in elections are usually thrown away or burnt, causing environmental issues. They are normally made of synthetic plastic fibers, producing a large number of harmful substances, such as greenhouse gases and carcinogens, when incinerated.

About 90 percent of banners, used for the March 9 presidential election, for instance, were disposed of in landfills or incinerated, according to the city government. Less than 10 percent were recycled as shopping sacks or sandbags due to issues of storage and recycling costs.

The city government estimates about 17,000 to 20,000 banners have been thrown away after the June elections, weighing up to 12 tons. The Seoul officials said they are currently collecting the banners to be washed and dried within several months.

A total of 11 out of 25 Seoul districts, including Jung-gu, Yongsan-gu, and Seocho-gu, have expressed their intention to participate in this upcycling project.

"We will continue to cooperate and seek ways to reuse waste as new resources, and thereby achieving carbon neutrality in everyday lives," said Yoo Yeon-sik, director general at Climate and Environment Headquarters of the Seoul Metropolitan Government.

1 다음 중 글의 내용과 일치하지 <u>않는</u> 것은?

① 서울시는 대통령 선거에 쓰였던 현수막을 업사이클링할 예정이다.

② 현수막은 일반적으로 합성 플라스틱 섬유로 제작된다.

③ 폐현수막은 소각될 시 발암 물질을 내뿜는다.

④ 대통령 선거에 사용된 현수막은 대부분 버려지거나 소각되었다.

⑤ 서울시 내 11개 구가 업사이클링 프로젝트에 참여할 의향이 있다.

2 이 글의 밑줄 친 <u>incinerated</u>와 바꿔 쓸 수 있는 것을 본문에서 찾아 한 단어로 쓰시오.

_____

3 이 글을 읽고 다음 빈칸을 채워 넣으시오.

The Seoul Metropolitan Government will reuse campaign banners used in _____ because they cause some _____ problems when they are thrown away or burnt.

📖 VOCA

campaign banner 현수막	upcycle 업사이클하다	election 선거	reborn 다시 태어나다
promote 촉진하다, 홍보하다	recycling 재활용	cooperation 협동	district 구
reuse 재사용하다	throw away 버리다	synthetic plastic fiber 합성 섬유	substance 물질
greenhouse gas 온실가스	carcinogen 발암 물질	incinerate 소각하다	presidential election 대통령 선거
dispose of 처분하다	landfill 매립지	sack 봉지, 포대	sandbag 모래주머니
estimate 추산하다	weigh 무게가 나가다	intention 의도	carbon neutrality 탄소중립

04 | Korean food translations become easier for foreigners to understand

Restaurant owners who are unfamiliar with English may not know how to properly translate Korean foods such as 'bossam' or 'jumulleok' for their menus, sometimes leading to confusion among foreign guests unacquainted with local dishes. To cope ⓐ＿＿＿＿＿ such issues amid the rising popularity of Korean food, the Korea Tourism Organization will publish new standards for translating Korean food into English, Chinese and Japanese. While there were previously no unified guidelines for translating Korean food, local governments or public institutions used to come up ⓑ＿＿＿＿＿ their own translations. This often caused confusion for restaurant owners and foreign customers.

The new standards focused on providing easier understanding of each dish for those who do not know much about Korean food culture, the Korea Tourism Organization said in a press release last month. Instead of translating the names directly, the standards emphasized the characteristics of ingredients, recipes and flavors and made sure the translations do not cause misunderstandings. For already well-known Korean foods such as 'kimchi' and 'bibimbap,' the standards kept the original names and added explanations.

"It is significant that the government and the Korean Food Promotion Institute agreed to use our translations as the new standard," an official at the Korea Tourism Organization said. "The translations will also be applied to contactless orders through mobile devices and we will continue to revise them for more accurate and easier understanding of K-food." The standard translations will be available on the Korea Tourism Organization's food information website in mid-January.

Korea Tourism Organization 한국관광공사
Korean Food Promotion Institute 한식진흥원

1 다음 중 한식 번역 기준에 관한 내용과 일치하지 <u>않는</u> 것은?

① 한식 이름을 영어, 중국어, 일본어로 번역하는 기준이다.

② 식당 주인들과 외국인 고객들의 혼란을 줄여 주기 위한 것이다.

③ 음식의 이름을 직역하는 것이 아닌 음식의 특성을 강조한다.

④ 비접촉식 주문에도 적용될 예정이다.

⑤ 각 식당마다 팸플릿으로 제공될 예정이다.

2 이 글의 빈칸 ⓐ와 ⓑ에 공통으로 들어갈 전치사로 가장 적절한 것은?

① with

② to

③ for

④ by

⑤ of

3 이 글에서 새로운 번역 기준 하에 원래 이름을 유지하기로 한 음식의 예 2개를 우리말로 쓰시오.

_____

📖 VOCA

translation 번역	owner 주인	unfamiliar 익숙하지 않은	properly 적절히
confusion 혼란, 당혹	unacquainted 익숙하지 않은	local dish 향토 음식	issue 문제
amid 가운데	popularity 인기	publish 출판하다	standard 기준
while 반면에	previously 이전에	unified 통일된	guideline 지침
local government 지방 정부	public institution 공공 기관	customer 소비자	focus on ~에 집중하다
emphasize 강조하다	instead of ~대신에	characteristic 특징	ingredient 재료
recipe 조리법	misunderstanding 오해	original 원래의	added 추가된
explanation 설명	significant 중요한	official 공무원, 관리	apply 적용하다
contactless 비접촉식의	revise 개정하다	accurate 정확한	

05 | Culture Ministry recommends Korea's must-see spots

The Ministry of Culture, Sports and Tourism and Korea Tourism Organization have unveiled the 100 Must-visit Tourist Spots in Korea list for the years 2023 to 2024. The list is updated every two years, with the aim to introduce and promote Korea's tourism to both Koreans and foreigners. The latest list includes a total of 61 cultural attractions and 39 natural attractions.

By region, 24 destinations are located in the greater Seoul area, 10 in Gangwon Province, 13 in Chungcheong provinces, 17 in Jeolla provinces, 28 in Gyeongsang province and 6 on Jeju Island. A total of 14 spots have been selected six consecutive times since the list was launched in 2013. Newly chosen destinations include the five Joseon palaces in Seoul, Jeju Olle-gil Trail, Jeonju Hanok Village and Gyeongju Bulguksa Temple and Seokguram Grotto, destinations that are already well known.

The 33 new additions on the list are evenly scattered out across the country, including Seoul Forest, Changwon Yeojwacheon Stream, Chuncheon Samaksan Lake Cable Car, Iksan Archaeological Site in Wanggung-ri and Tongyeong Dpirang Garden.

The 100 tourism spots of Korea were chosen from 235 destinations through a three-step screening process. Mobile carriers, navigation apps and social media were used to gather big data while academics, journalists and travel writers took part in the final screening. The Culture Ministry said it has placed several of the chosen locations in "Travel Hunter K," a series of Zepeto's metaverse platform content, for a virtual experience of the destinations.

Pamphlets containing information on the must-visit sites can be obtained at tourist

information centers around the country and at information booths in airports and KTX stations. English, Chinese and Japanese versions of the pamphlet will be available as early as mid-January, according to the KTO's marketing team. The Korean version is now available online through the Visitkorea website.

Ministry of Culture, Sports and Tourism 문화체육관광부
Korea Tourism Organization 한국관광공사

1 다음 중 이 글의 내용과 일치하는 것은?

① 한국의 여행 명소 100 리스트는 61개의 자연 명소를 포함한다.

② 한국의 여행 명소 100은 서울에 가장 많다.

③ 전주 한옥마을은 6회 연속 한국의 여행 명소 100에 포함되었다.

④ 한국의 여행 명소 100의 심사 절차는 총 3단계로 이루어져 있다.

⑤ 한국의 여행 명소 100 팸플릿의 영어 버전은 현재 온라인에서 얻을 수 있다.

2 다음 중 꼭 방문해야 하는 한국의 관광 명소 100으로 언급되지 <u>않은</u> 것은?

① 제주 올레길

② 부산 해운대

③ 경주 불국사

④ 서울숲

⑤ 통영 디피랑

3 한국의 여행 명소 100을 선정하기 위한 최종 심사에 참여하는 사람을 이 글에서 모두 찾아 쓰시오.

📖 VOCA

unveil 공개하다	must-visit 꼭 방문해야 하는	spot 장소	aim 목표
introduce 소개하다	promote 홍보하다	latest 최근의	attraction 명소
destination 목적지	select 선정하다	consecutive 연속인	launch 시작하다
addition 추가	evenly 고르게	scattered 흩어진	archaeological 고고학의
site 장소	screening 심사	process 절차	navigation 내비게이션
gather 모으다	academic 교수	journalist 기자	take part in 참여하다
virtual 가상의	pamphlet 팸플릿, 책자	obtain 얻다	available 이용 가능한

Memo

Memo

하루 한 장
초등 영어 신문
• 문화편 •

하루 한 장

초등
영어
신문

문화편

정답 및 해설

넥서스

하루한장

초등 영어 신문

문화편

정답 및 해설

넥서스

Chapter 1

1 ③　　2 ⑤　　3 septet

방탄소년단 타임지 선정 '올해의 연예인'

US Weekly가 12월 10일 K-pop 대스타인 BTS가 타임지의 "entertainer of the year"로 선정되었다고 전했다.

"BTS는 음악차트에서만 떠오르는 가장 큰 K-pop 가수가 아니다. 그들은 세상에서 가장 거대한 밴드가 되었고, 이는 엄연한 사실이다"라고 영향력이 강한 잡지인 타임지는 트위터에 올렸다. "2020년 다수의 앨범들을 내고 모든 종류의 기록을 깨뜨리는 사이, BTS는 팝 스타덤의 절정에 올랐다"고 타임지는 덧붙였다.

BTS는 "Dynamite"와 "Life goes on" 이 두 곡으로 기록적인 해를 보냈는데, 이 두 곡이 빌보드의 메인 싱글 차트인 Hot 100에서 탑 데뷔를 한 것이다. "Dynamite"는 8월 말 화려한 데뷔를 한 이후 빌보드 차트에서 1, 2위를 다투었는데, 지금도 Hot 100에서 10위를 차지하고 있다. "Life goes on"은 발표 첫 주에 최정점을 찍고 28위로 떨어졌다. 이 7인조는 올해 Billboard Music Awards의 Top Social Artist 상뿐만 아니라 American Music Awards에서 Favorite Duo or Group in Pop/Rock 상, Favorite Social Artist 상도 수상했다. 방탄소년단은 또한 Grammy Award에 Best Pop duo/group performance 부문에 수상 후보로 지명되기도 했다.

Grammy Awards 시상식은 1월 31일에 열릴 예정인데, BTS가 수상한다면 BTS는 미국 주요 음악 상 3개를 모두 수상한 첫 대한민국 그룹이 될 것이다. BTS는 또한 빌보드의 Radio Songs Chart의 탑 10에 들어간, 모든 멤버가 한국인으로만 구성된 첫 그룹이 되기도 했다.

· 문제 해설 ·

1 "Life goes on"은 발표 첫 주에 최정점을 찍고 28위로 떨어졌으므로 ③번이 일치하지 않는 내용이다.

2 BTS가 1월 31일에 열리는 Grammy Awards에서 수상한다면 미국 주요 3대 음악 시상식에서 모두 수상한 첫 대한민국 그룹이 된다.

3 주어진 영영풀이는 "7명의 음악가 또는 가수의 집합"이라는 의미로 이 글에서 septet (7인조, 7중주)를 의미한다.

1 ③　　2 ③　　3 18개

'비빔밥', '큐피드', '킹 더 랜드' 구글에서 가장 많이 검색되어

한국의 전통 음식인 비빔밥이 2023년 구글에서 가장 많이 검색된 요리법이었으며, K-드라마와 K-팝 노래 제목을 포함한 다른 한국에 관련된 키워드들이 전 세계적인 검색 엔진의 올해 가장 많이 검색된 단어 리스트에 포함되었다.

구글은 전 세계 사용자들이 가장 자주 검색한 단어들을 모아 놓은 "Year in Search 2023"을 발표했다. 검색어들은 뉴스, 레시피, 그리고 노래를 포함한 총 18개의 카테고리로 분류되었다. 레시피의 제일 위에 이름을 올린 것은 한국의 가장 잘 알려진 전통 음식 중 하나인 비빔밥이었다. 그 다음으로는 스페인의 에스페토와 인도네시아의 파페다가 따랐다. 구글 트렌즈에 따르면 인도, 싱가포르, 스웨덴의 사용자들이 요리법 중에선 비빔밥을 찾는 높은 성향을 보였다. 비빔밥에 대한 검색은 5월과 9월에 특히 많이 이루어졌다.

한국의 또 다른 괄목할 만한 검색어 포함은 K-팝 걸그룹인 피프티 피프티의 Cupid였는데, 이 검색은 노래 카테고리에서 5위를 기록했다. 이 노래는 전 세계적인 영상 플랫폼인 틱톡에서 짧은 댄스 챌린지로 인해 트렌드에 올랐으며, 2023년엔 틱톡의 짧은 영상의 배경음악 중 가장 유명한 노래로 순위를 지켰다. BTS의 멤버인 정국의 싱글, "Seven"이 같은 카테고리에서 10위를 기록했다. 유튜브에 업로드된 해당 곡의 공식적인 뮤직 비디오는 12월 12일까지 조회수 3억을 기록했는데, 이는 7월에 업로드된 지 단 5개월 만이었다.

넷플릭스의 로맨스 시리즈인 '킹 더 랜드'가 드라마 카테고리에서 5위를 차지했으며, 그 바로 아래에는 복수극 드라마 시리즈인 '더 글로리'가 자리했다. 가수에서 배우가 된 임윤아 배우와 이준호가 등장하는 '킹 더 랜드'는 7월 17일에서 7월 23일 주에 가장 많이 시청된 드라마였다.

· 문제 해설 ·

1 인도, 싱가포르, 스웨덴의 구글 사용자들이 요리법 중 비빔밥을 찾는 성향이 높다고 했으므로 ③번이 정답이다.

2 'Cupid'는 2023년 틱톡의 짧은 영상 배경음악 중 가장 유명한 노래에 랭크되었다고 했으므로 ③번이 일치하지 않는 내용이다.

3 검색어들은 뉴스, 레시피, 그리고 노래를 포함한 총 18개의 카테고리로 분류되었다.

03

p.16

1 ②   2 ①   3 costly

세상에서 가장 비싼 액체

세상에는 다양한 종류의 값비싼 물건들이 있다. 이러한 것들 중에는 다양하고 희귀한 액체들이 있다. 세계에서 가장 비싼 액체들은 한정되어 있고 얻기 어려우며, 아주 소량으로 판매되나 어마어마한 가격에 팔린다. 이런 값비싼 액체들을 예로 들면, 피, 인슐린, 수은, 그리고 심지어 프린터 잉크까지 포함한다. 이 기사에서는 세계에서 가장 비싸고 귀한 액체들 3개 종류를 찾을 수 있다.

1. 전갈독 - 갤런(3.8리터) 당 3900만 달러(그램 당 7천~ 8천 달러)
전갈은 지구에서 가장 위험한 생물들 중 하나이다. 전갈은 그들의 독으로 적과 싸우거나 적을 죽일 수 있다. 그러나 전갈의 독은 사람의 뇌종양 치료에도 사용될 수 있다. 건강한 신경과 근육 세포에 해를 가하는 대신, 전갈의 독 일부분 중 클로로톡신 같은 물질은 암세포에서 나오는 징조를 막는 데 사용될 수 있다.

2. 킹코브라 독 - 갤런 당 15만 3천 달러
킹코브라 또한 지구상에서 아주 위험한 동물 중 하나이다. 킹코브라의 독은 다 자란 성체 코끼리를 죽일 수 있을 정도로 강력하다. 그러나 이 독은 현대 약학에서 다양한 방식으로 사용되고 있다. 킹코브라의 독은 오하닌이라는 단백질을 포함하고 있다. 오늘날 오하닌은 모르핀보다 20배 강력한 진통제로 사용된다.

3. 투구게 혈액 - 갤런 당 6만 달러
투구게는 공룡보다 더 오래 된 4억 5천만년 전부터 존재해 왔으며, 살아 있는 화석이라 불린다. 이 생물체는 단단한 외골격 몸체와 둥근 등 쪽에서 쭉 뻗은 꼬리를 가지고 있다. 투구게의 혈액은 높은 구리 함유량으로 인해 불투명한 파란색을 띤다. 이 혈액은 아주 비싸며 제약 산업에서 다양한 약제가 오염되지 않았는지 테스트하기 위해 사용된다.

· 문제 해설 ·

1 전갈의 독은 사람의 뇌종양 치료에도 사용될 수 있다고 했으므로 ②번이 정답이다.

2 투구게의 혈액은 높은 구리 함유량으로 인해 불투명한 파란색을 띤다고 했으므로 ①번이 정답이다.

3 이 글에서 "비싼"이라는 뜻의 expensive와 바꿔 쓸 수 있는 가장 유사한 한 단어는 costly이다.

04

p.18

1 ④   2 ③

3 블랙핑크나 BTS 같은 K-pop 스타들이 한복을 자랑스럽게 입고 나와서

한복에서 영감을 받은 교복이 영국 런던 빅토리아 앨버트 박물관에 전시될 예정

문화체육관광부와 교육부가 공동으로 이끄는 프로젝트의 일환으로 만들어진 한복에 영감을 받은 교복이 런던의 Victoria & Albert 박물관의 전시회에서 모습을 드러낼 것이다. 문화체육관광부는 V&A 박물관의 한국관 큐레이터인 Rosalie Kim에게 한복 교복 여러 벌과 기부 증서를 전달했다고 지난주 발표했다. 이 샘플들은 남학생과 여학생들을 위한 한복 교복을 포함한다.

V&A 박물관은 "Hallyu! The Korean Wave" 전시회를 2022년 11월부터 2023년 6월까지 진행할 예정이며, 이 전시회에서는 한류가 K-pop, K-영화, K-드라마의 성공을 통해 어떻게 전 세계적인 현상으로 발전했는지 소개한다.

곧 열릴 이 전시회는 K-pop 가수들이 입었던 한복과 더욱 전통적인 모습의 한복들을 포함한 다른 한복들의 모습들을 전시한다. 한복은 최근 블랙핑크나 BTS 같은 K-pop 스타들이 자랑스럽게 입고 나오며 화제를 불러일으켰다.

"이번 기회는 V&A 박물관의 한류 전시회에서 한복의 아름다움을 전 세계에 알리는 엄청난 기회이다."라고 문화체육관광부 이진식 문화정책관은 말했다. "우리는 V&A박물관과 함께 전통 한복에서 일상적인 한복까지 다양한 모습의 한복을 소개할 것이다."라고 문화정책관은 덧붙였다.

문화체육관광부와 교육부, 한복진흥원은 2019년, 한복을 일상 생활에서 입을 수 있게 하려는 한복에 영감 받은 교복을 만드는 프로젝트를 발족한 바 있다. 총 81개의 한복 교복이 디자인되었으며, 34개 학교들은 한복 교복을 2022년에 도입할 예정이다.

· 문제 해설 ·

1 전시를 예매하는 방법은 언급되지 않았으므로 ④번이 정답이다.

2 전시회에서는 여러 가지 한복과 한복에 영감을 받은 교복 등이 전시될 예정이라고 했으므로 빈칸에는 "한복의 아름다움"이 들어가야 자연스럽다.
① 한국의 교복 / ② 한국의 교육 / ④ 한국의 옷의 역사 / ⑤ 한국의 음식

3 한복은 최근 블랙핑크나 BTS 같은 K-pop 스타들이 자랑스럽게 입고 나와 화제를 불러일으켰다.

05

p.20

1 ②   **2** ①   **3** 660,000원 (379달러)

방탄소년단 가장 충성도가 높은 팬을 보유해: 설문조사

K-pop의 대세인 BTS가 팬들의 충성도에 있어 테일러 스위프트와 엘튼 존 같은 세계적 메가스타들을 넘어섰다는 조사 결과가 나왔다.

BTS의 전 세계적인 팬덤인 Army는 미국의 여행 회사인 Upgraded Points가 10명의 아티스트들 -BTS, 마이클 잭슨, 엘튼 존, 레이디 가가, 테일러 스위프트, 퀸, 라나 델 레이, 비욘세, 에미넴, 해리 스타일스-의 팬 3,192명을 대상으로 진행한 여론 조사에서 총 100점 중 88.4점을 기록했다. 이 여론 조사는 팬들이 자신이 좋아하는 음악 아티스트들에 대해 얼마나 충성스러운지 측정하기 위해 "예", "아니오" 질문과 단답형 문제들을 사용했다.

이 질문들에는 "제일 좋아하는 밴드의 라이브 공연을 보기 위해 얼마나 멀리까지 갈 수 있는가?"라든가, "직접 자신이 원하는 스타를 직접 만나기 위해 얼마까지 사용할 수 있는가"라든가, "제일 좋아하는 밴드의 라이브 공연을 보기 위해 저축한 돈의 얼마까지 사용할 것인가?" 같은 질문들이 포함되었다. 이런 문제들에 달린 각각의 응답 점수를 더해서 Upgraded Points는 각 팬층의 충성도 점수를 1에서 100까지 척도로 측정했다.

BTS의 Army가 10개의 팬 층에서 1등으로 드러났고, 그 다음이 마이클 잭슨(76.8점), 엘튼 존(66.4점), 레이디 가가(63.3점), 테일러 스위프트(60점), 퀸(55.8점), 라나 델 레이(52.7점), 비욘세(51.8점), 에미넴(50.8점), 그리고 해리 스타일스(40점) 순이었다. 이 여론 조사는 BTS의 팬들이 BTS의 공연을 보기 위해 평균 2,040마일을 여행할 의향이 있는 것으로 나타났다. 이들이 BTS의 공연을 보기 위한 콘서트 티켓에 지불할 의향이 있는 평균적인 가격은 66만원(379달러)이었다.

이 조사에서 Upgraded Points는 BTS를 "2015년 유명세를 타며 전 세계적으로 충성스러운 팬들을 가진 K-pop 남자 그룹"이라고 묘사했다. 지난달, 국내와 국외에 있는 40만 명 이상의 BTS 팬들이 서울 여의도 한강 공원에서 5월 31일부터 6월 17일까지 진행된 BTS의 10주년 행사인 "2023 BTS 페스타"에 구름같이 몰려들었다. 방탄소년단의 매니지먼트사 Hybe에 따르면 전체 관람객 중 약 12만 명이 외국인 팬이었다.

· 문제 해설 ·

1 Upgraded Points의 설문조사 대상에는 Bruno Mars가 포함되어 있지 않으므로 ②번이 정답이다.

2 이 글에서 took place는 "열리다, 개최되다"의 뜻이므로 ① was held와 의미상 가장 가깝다.

3 여론 조사 결과 BTS의 팬들은 그들의 공연을 보기 위한 티켓에 지불할 의향이 있는 평균적인 가격은 660,000원 (379달러)이다.

Chapter 2

01

p.24

1 ④   **2** ③   **3** 10명

광화문 광장과 청와대 도보 관광

서울시와 서울관광재단이 8월 9일부터 시작된 "서울도보해설관광" 프로그램에 새로운 경로를 추가했다. 이 새로운 세 가지의 경로들은 "경복궁 돌담길과 청와대", "광화문 광장", 그리고 "율곡로 궁궐담장길"이다. 각각의 도보 관광은 해당 지역들의 역사에 대해 전문적인 여행 가이드가 하는 해설이 포함되며, 지역 주변의 박물관들과 갤러리들 같은 유명한 곳들의 소개 또한 포함된다.

2시간 길이의 "경복궁 돌담길과 청와대" 코스는 방문객들을 경복궁부터 청와대까지 데리고 가는데, 여기에는 경복궁 주변의 600년간의 역사에 대한 소개가 함께한다. "광화문 광장" 코스는 새로이 열린 광화문 광장을 중심으로 이뤄지며, 서울시가 한국의 수도를 환경적이며 문화적인 도시로 바꾸는 계획을 설명한다. 2.5km 길이의 이 코스는 전부 다 도는 데 2시간 30분가량이 걸린다. 이번 9월부터 시작하는 1시간 길이의 야간 광장 관광 또한 가능해진다. 이 프로그램의 야간 관광은 10월 말까지 계속된다. "율곡로 궁궐담장길"은 창경궁과 종묘를 돌아보는데, 이 코스의 끝은 익선동의 한옥마을이다.

도보 관광은 평일에는 오전 10시와 오후 2시에 가능하며, 주말에는 오전 10시와 오후 2시, 오후 3시에 진행된다. 각 도보 관광 시간은 10명의 참여자를 수용할 수 있다. 도보 관광은 한국어, 영어, 중국어, 일본어, 베트남어, 말레이시아어, 인도네시아어, 태국 언어의 총 8개 언어로 제공된다. 도보 관광의 예약은 서울관광재단의 VisitSeoul 웹 사이트에서 온라인으로 가능하다.

· 문제 해설 ·

1 2.5km의 광화문 광장 코스는 전부 다 도는데 2시간 30분 가량 걸린다고 하였으므로 ④번이 정답이다.

2 도보 관광은 한국어, 영어, 중국어, 일본어, 베트남어, 말레이시아어, 인도네시아어, 태국어 총 8개의 언어로 제공된다고 하였으므로 ③번이 정답이다.

3 각 도보 관광 코스는 10명의 참가자를 수용할 수 있다.

1④   2①   3 500만 명 이상

청와대 국가 연회장과 미디어 센터 대중에 공개

청와대의 국가 연회장으로 쓰이는 영빈관과 미디어 센터로 쓰이는 춘추관, 이 두 건물들이 공공에 공개된다. 예전 대통령 관저의 두 건물들은 5월 23일부터 공공에 공개되었다고 문화재청은 전했다. 문화재청은 청와대 공공 공개 전담 팀이 청와대 부지와 건물들에 대한 투어를 진행하고 관리하며 보수할 수 있도록 조직했다.

영빈관에 들어서면 방문객들은 국가 연회장의 역사를 배울 수 있다. 춘추관에서 방문객들은 지금까지의 행정부들이 정책을 발표했던 기자회견장을 둘러볼 수 있고, 국가대변인 포토존에서 사진을 찍기 위해 자세를 취할 수 있다.

청와대를 방문한 방문객들의 수는 공공 공개가 시작된 5월 10일부터 5월 22일까지 13일 동안 총 377,488명을 기록했다. 문화재청에 따르면 지금까지 청와대 관람을 위해 5백만 명 이상의 사람들이 예약을 했다고 한다. 당초 5월 22일까지 예정되었던 공개 일정이 6월 11일까지 연장되었지만 CHA 관계자에 따르면 올해 말까지 계속 공개할 것으로 예상한다고 한다.

문화재청에서 운용하는 팀의 주요 업무는 관람객들의 예약을 관리하고 시설을 관리하며, 문화적 행사를 계획하고 관람 코스를 개발하며 가이드 투어 프로그램을 운영하는 것이다. 문화재청 관계자는 오로지 청와대 방문을 위한 온라인 예약 시스템을 개발 중이라고 전했다. 현재 예약은 네이버, 카카오, 토스를 통해 할 수 있다.

· 문제 해설 ·

1 청와대 공개 일정은 6월 11일까지 연장되었다고 했으므로 ④번이 일치하지 않는 내용이다.

2 빈칸 앞의 the press briefing room은 장소이므로 where가 오는 것이 적절하다.

3 More than 5 million people have applied for a tour so far, according to the CHA를 통해 500만 명 이상이 예약했음을 알 수 있다.

1④   2④   3 ability to produce quality content

파라마운트 플러스, HBO 맥스 한국에서 서비스 시작할 예정

새로운 미국 플랫폼인 Paramount와 HBO Max가 올해 하반기에 한국에서의 서비스를 시작할 준비를 마친 가운데, 국내 스트리밍 서비스 마켓 내에서의 경쟁이 심화될 것으로 보인다. 미국의 거대 미디어 기업인 Paramount Global은 이번 달 초, 구독제 영상 스트리밍 서비스인 Paramount가 다음 달에 CJ ENM이 운영하는 국내 영상 플랫폼인 Tving과의 파트너십으로 인해 한국에 상륙할 것이라 발표했다. Paramount Pictures와 CBS의 "스타 트렉" 같은 오리지널, 기록 콘텐츠 시리즈들이 다음 달 Tving 유저들에게 접근 가능하게 될 것이다. Paramount는 한국에서 활동하는 4번째 세계적 스트리밍 서비스 제공자가 될 것인데, 나머지 세 개는 넷플릭스, 월트 디즈니 사에서 제공하는 콘텐츠 스트리밍 서비스인 디즈니, 그리고 기술 거대 기업인 애플이 제공하는 구독제 기반 스트리밍 서비스인 애플TV이다. 워너 브라더스 디스커버리의 HBO Max는 올해 말에 한국에서 서비스를 시작하는 다음 회사가 될 것으로 보인다. HBO Max는 국내 활동에 대한 정확한 계획과 시간을 알려 주지 않았으나, K-pop 보이 그룹에 대한 내용을 담은 "Beyond The Wardrobe"라는 이름의 브라질 영화의 제작에 착수했다. 이 영화는 내년 상반기에 공개될 계획인데, 상파울루의 한 10대 소녀가 옷장 안에 있는 포털을 찾아 그것을 통해 서울에 있는 K-pop 아이돌을 만난다는 내용을 가지고 있다.

전문가들은 최근의 글로벌 미디어 거대 기업들의 행보가 인구가 많은 아시아 지역에서, 전 세계적으로 유명한 K-pop이나 TV시리즈, 그리고 영화 같은 문화적 콘텐츠들로 인해 증가하는 콘텐츠 허브로의 한국의 평판에 기인한다고 말한다. "세계 시장에서 한국 크리에이터들은 품질 좋은 콘텐츠들을 생산하는 능력을 잘 증명했다"고 정덕현 문화평론가는 말한다. "세계적인 스트리밍 서비스들이 한국의 시장에 들어오는 것은 한국의 제작사들과 협업하려는 한 방법인 것"이라고 정덕현 문화평론가는 덧붙였다.

· 문제 해설 ·

1 Paramount will be the fourth global streaming service provider operating in South Korea를 통해 네 번째임을 알 수 있으므로 ④번이 정답이다.

2 HBO Max의 국내 활동에 대한 계획과 시간은 공개하지 않았다고 했으므로 ④번이 정답이다.

3 ability to produce quality content는 "품질 좋은 콘텐츠를 생산하는 능력"이라는 뜻이다.

04

p.30

1 ③　　　2 ①　　　3 a short performance

경복궁 별빛야행에서 왕처럼 식사하세요

조선의 궁궐이었던 경복궁이 5월 18일부터 5월 29일까지 봄철 별빛야행을 실시한다. 문화재청 궁능유적본부와 한국 문화재 재단에 의해 조직된 이 투어는 관람객들을 경복궁 북쪽 지역을 지날 수 있게 하는데, 여기서는 식사 경험을 할 수 있으며 전통 음악 공연을 볼 수 있고 달빛으로 빛나는 궁을 따라 별빛 아래 산책을 할 수 있다. 이 투어는 수요일부터 일요일까지 저녁 6시 40분과 7시 40분, 하루에 두 번 시작된다. 각 투어는 대략 2시간이 걸린다. 각 투어마다 30명의 참가자들이 참여할 수 있으며, 입장권은 인터파크 웹 사이트에서 예약이 가능하다. 각 개인은 총 2장까지만 살 수 있다.

궁을 들어서며 관람객들은 현대화된 '수라상'을 먹어 볼 기회를 가지는데, 이 수라상은 본래 왕과 왕비를 위해 차려지는 12첩 반상이다. 라이브 한국 전통 음악 공연도 저녁 식사와 함께 한다. 왕의 도서관이었던 집옥재를 지나고 각국 사신들을 위한 영빈관인 팔우정을 볼 수 있으며, 전문 가이드가 이 투어를 이끈다. 관람객들은 전통 항아리인 장독이 보관된 "장고"라는 구역에서 배우들의 짧은 공연을 즐길 수 있다. 이 연극은 옛날 궁궐에서 살던 사람들의 이야기를 다룬다. 1887년 한국에 처음으로 전기가 들어왔던 건청궁에서는 샌드 아트 영상이 상영된다. 이 투어는 향원정에서 끝나는데, 여기서는 관람객들이 수도의 야간 전경을 즐길 수 있다. 전통 음악 공연을 볼 수 있는 일반좌석 티켓 가격은 60,000원이며, 부분적으로 가려진 자리는 55,000원이다.

• 문제 해설 •

1 별빛야행의 티켓 구매 가능 시간은 언급되지 않았으므로 ③번이 정답이다.

2 경복궁 별빛야행에서 왕의 도서관이었던 집옥재를 지난다고 했으므로 ①번이 정답이다.

3 "the play"는 앞 문장의 "a short performance"를 가리킨다.

05

p.32

1 ③　　　2 ②　　　3 tourists

리우 카니발

리우 카니발은 브라질의 도시인 리우데자네이루에서 매년 열리는 축제이다. 세계에서 가장 큰 공공 축제 중 하나인 이 카니발은 매년 수백만 명의 사람들이 참가한다. 리우데자네이루는 화려한 퍼레이드들, 삼바 댄스 페스티벌, 페스티벌 시기 중에 일어나는 수많은 이벤트들로 잘 알려져 있다.

리우 카니발은 전 세계적으로 잘 알려져 있으며 수많은 사람들이 참가하기 때문에 리우데자네이루뿐 아니라 브라질 전역에 경제적으로 아주 중요하다. 여행객들과 지역 주민들은 페스티벌 행사에 매년 수백만 달러를 소모하는데, 이는 리우 카니발을 지역 경제에 매우 중요한 행사로 만든다. 여행객들은 공식적인 리우 행사들과 패션 쇼, 코스튬 콘테스트, 기념품 같은 상품들에만 돈을 쓰는 것이 아니라 도시 전역에 있는 수많은 식당, 호텔, 교통수단에도 돈을 쓴다.

리우데자네이루 카니발의 역사는 브라질이 포르투갈의 식민지였던 17세기까지 거슬러 올라간다. 당시 포르투갈인들은 그리스 문화를 가지고 있었으며 그리스 신들 중 하나인 바커스(디오니소스)는 와인과 만찬의 신이었다. 포르투갈인들은 바커스를 기리는 축제를 열기로 결정했고 이것이 리우 카니발의 근원이 되는 축제로 알려졌다. 첫 공식 리우 카니발은 1840년에 열렸다. 그리스와 포르투갈에서 기원을 두는 카니발이지만 브라질 사람들은 곧 이 축제를 자신들의 것으로 도입했고, 본인들의 고유한 문화들을 포함시켰다.

오늘날 이 축제는 브라질의 주요 문화 행사로 여겨지고 있다. 리우 카니발이 COVID-19 대유행 사태로 인해 2020년과 2021년에 열리지 못했으나 리우데자네이루는 2022년 4월에 작은 규모의 카니발을 열었으며 2023년 2월에는 다시 원래 규모의 카니발을 열 예정이다. 카니발이 브라질에서 2년간 없었고 모든 사람들이 대유행 사태에서 조금씩 벗어나고 있기 때문에 내년의 카니발은 지금까지 열렸던 것들 중 가장 거대한 규모가 될 것이다.

• 문제 해설 •

1 리우 카니발의 역사는 브라질이 그리스 문화를 가지고 있던 포르투갈에게 식민 지배를 받던 17세기로 거슬러 올라간다고 되어 있으므로 ③번이 정답이다.

2 ⓐ는 리우 카니발이 전 세계적으로 잘 알려져 있으며 수많은 사람들이 참가한다고 한 후에 브라질 전역에 경제적으로 아주 중요하다고 했으므로 이유를 나타내는 because가 들어가는 것이 적절하다. ⓑ는 리우 카니발이 2020년과 2021년에 열리지 못했지만 2022년에 작은 규모로 열렸다고 했으므로 Although가 적절하다. ① ~할 때 , 비록 ~일지라도 / ③ 비록 ~일지라도, ~이기 때문에 / ④ ~이기 때문에, ~할 때 / ⑤ ~이기 때문에, ~하는 한

3 they는 같은 문장의 tourists를 가리킨다.

01

1 ⑤   2 ③   3 jump

'오징어 게임' 이후 유튜브에 올라온 영어 한류 게시물 30배 증가

작년 넷플릭스의 대히트작인 한국의 "오징어게임" 공개 이후, 영어로 적힌 한류와 연관 있는 온라인 게시물들이 대략 30배 늘었다고 지난달 한국국제문화교류진흥원이 밝혔다.

문화관광부와 한국국제문화교류진흥원은 합동으로 작년 6월부터 12월까지 영상 및 소셜 미디어, 커뮤니티 사이트, 그리고 리뷰 플랫폼 이 세 가지 온라인 미디어 플랫폼 범주에서 데이터를 조사했다. 이 플랫폼들은 유튜브, V Live, 틱톡, 레딧, 팬덤, 숨피, IMDb 그리고 로튼 토마토를 포함한다.

이 조사는 15개국의 27개 영어 기반 외국 미디어들도 포함했다. 유튜브에서는 한류와 관련된 영상들의 주간 평균 업로드 숫자는 9월 17일 "오징어게임" 방영 이후 주당 70,600건이었다. 이 수치는 6월부터 8월까지 보였던 주당 2,300건에서 눈에 띄게 늘어난 것이다.

한류에 대한 관심 증가의 신호는 온라인 커뮤니티들과 리뷰 플랫폼들에서도 찾을 수 있었다. 레딧에선 한류 관련 포스트들이 작년 10월, 주당 20,000건이 넘었는데 그보다 한 달 전인 주당 15,000건에서 훨씬 증가한 것이다. 한류 콘텐츠 리뷰의 숫자들 또한 주당 20건 미만에서 평균 130건으로 증가했다.

외국 미디어에서는 오징어 게임 방영 이전에는 한류 관련 기사 숫자가 주당 16.6건이었는데, 10월에는 주당 133.3건으로 증가했다. K-pop 테마의 기사들은 기사 중 54%를 차지했으며 K-드라마는 그 다음으로 많은 32.5%를 기록했다.

K-pop 콘텐츠들이 주로 촘촘히 짜여진 팬 그룹들을 기반으로 퍼져 나가는 동안, K-드라마의 팬들은 다른 콘텐츠들로 옮겨가는 경향을 보인다고 한국국제문화교류진흥원은 전했다.

· **문제 해설** ·

1 K-드라마 관련 기사는 32.5%, K-pop 관련 기사는 54% 이므로 ⑤번이 일치하지 않는 내용이다.

2 레딧에서 한류 관련 포스트들이 작년 10월에는 주당 20,000건이 넘었는데 그보다 한 달 전인 주당 15,000건에서 훨씬 증가하였다고 했으므로 15,000건이 정답이다.

3 leap은 명사로 '상승'을 뜻하므로 바로 앞 단락의 jump와 같은 의미이다.

02

1 ②   2 ④   3 athletes, classical musicians

59%가 톱 팝 아티스트에 대한 현역 면제에 찬성: 설문조사

한 여론 조사에 따르면 대한민국 국민들 10명 중 6명은 대한민국의 이미지를 끌어올리는 데 공헌한 K-pop 선두 주자인 BTS와 다른 아티스트들이 군복무 의무에서 면제되어야 한다고 응답했다.

한국갤럽조사연구소가 4월 12일부터 4월 14일까지 진행된 18세 이상의 1,004명의 한국인들을 대상으로 조사한 조사에서 59%가 K-pop 아티스트들이 대체복무 혹은 군면제를 받아야 할 자격이 있다고 응답했다. 33%는 팝 아티스트들에게 군면제 혹은 대체복무가 적용되면 안 된다고 응답했다. 8%는 응답을 거부했다.

이 조사는 3.1%의 오차 범위와 95%의 정확도를 가지고 있다. 이 결과는 무작위 전화번호로 전화를 걸어 나온 11.5%의 응답률에 기반했다고 한국갤럽조사연구소는 밝혔다.

현재 법률 하에 신체 건강한 한국 남성들은 18개월에서 22개월까지 군 복무를 해야 한다. 그러나 문화부의 추천으로 전 세계적인 상을 받은 운동 선수들이나 클래식 음악가들은 군면제를 받을 수 있거나 대체복무를 행할 수 있다. <u>이 법은 K-pop 가수에게는 적용되지 않는데, 많은 사람들이 팝 아티스트들 또한 여기에 포함시키는 아이디어를 지지하고 있다.</u>

작년 3명의 입법부 의원들이 더 넓은 범위의 예술가들에게 '현역 복무 면제'를 적용할 것을 요청하는 법안을 입안한 바 있다. 만약 이 법안이 통과된다면 BTS나 다른 유명한 K-pop 예술가들이 현역 복무를 하지 않을 수 있다. 국회 내 국방위원회는 11월 이런 법안을 고려한 바 있다.

· **문제 해설** ·

1 설문조사는 무작위 전화번호로 전화를 걸어 시행했으므로 ②번이 일치하지 않는 내용이다.

2 주어진 문장은 "이 법은 K-pop 가수에게는 적용되지 않는데, 많은 사람들이 팝 아티스트들 또한 여기에 포함시키는 아이디어를 지지하고 있다."는 뜻으로, "이 법"이란 전 세계적인 상을 받은 운동 선수들이나 클래식 음악가들이 군면제를 받을 수 있거나 대체복무를 하는 것을 가리키므로 그 뒤인 ⓓ에 들어가는 것이 적절하다.

3 현행법 상 전 세계적인 상을 받은 운동 선수들이나 클래식 음악가들은 군면제를 받을 수 있거나 대체복무를 행할 수 있다.

한국인 3명 중 2명은 대체육에 대해서 긍정적으로 생각: 설문조사

목요일의 한 조사에 의하면 20대, 30대의 한국인 세 명 중 두 명은 식물 기반의 대체육에 긍정적이며 동물에서 나온 고기보다 훨씬 환경에 좋을 것이라 믿는다고 말했다.

신세계푸드에서 진행한 조사에 의하면 20세에서 39세 나이의 1,000명의 설문 참여자 중 67.6퍼센트가 대체육을 소비하는 데 좋은 느낌을 받는다고 말했다. 71퍼센트는 대체육이 가축 고기보다 더 적은 땅과 물을 소비하고 온실가스를 덜 배출하기 때문에 필요하다고 말했다. 또 다른 사람들은 대체육이 동물복지를 촉진하고 식생활을 향상시키고 식량 부족을 예방할 수 있다고 말했다.

대체육에 대한 경험을 질문 받았을 때 40.6퍼센트는 샌드위치나 샐러드에서 돼지고기 대체육을 먹어 봤다고 응답했고, 34.5퍼센트는 햄버거 패티에서 소고기 대체육을 먹어 봤다고 응답했다. 하지만 대체육을 먹어 본 사람들 중 72.3퍼센트는 다시는 먹지 않을 것이라 응답했는데, 음식이 맛이 없고 식감도 너무 달랐다고 응답했다.

전문가들은 국내 대체육 시장이 여전히 작으나 큰 성장 가능성을 가지고 있다고 말했다. "한국 젊은이들은 단순히 제품만 구매하는 것이 아니라 그 제품의 의의 또한 구매하는데, 이 경우에는 지구의 지속가능한 성장에 더 나은 것이라 믿는 것을 말한다."고 인하대학교 소비자학과 이은희 교수는 말한다. 대체육을 원하는 사람들을 만족시키면서도 맛까지 함께 만족시키려면 많은 음식 회사들이 (식감과 맛에 있어) 실제 고기에 가까운 무언가를 만들어야 한다고 생각한다"고 이은희 교수는 덧붙였다.

· 문제 해설 ·

1 응답자 중 71%는 대체육이 가축 고기보다 더 적은 땅과 물을 소비하고 더 적은 온실 가스를 배출하기 때문에 필요하다고 말했다고 했으므로 ⑤번이 정답이다.

2 밑줄 친 alternatives는 대체육을 뜻하므로 replacements와 같은 의미이다.

3 몇몇 사람들은 대체육에 대해 맛이 없고 식감이 다르기 때문에 부정적으로 생각한다.

RM과 헨리 예술 후원자로 인정받아

K-pop 가수인 RM과 헨리가 2020년 한국문화예술위원회에 의해 "올해의 예술 후원자"로 이름을 올렸다. 국영기관인 한국문화예술위원회는 2020년 12월 21일 예술 후원과 관련된 7개 상 수상자로 선정된 6개 회사와 4명의 개인들을 발표했다. 이 상들은 지역 예술계의 후원자들을 강조한다.

작년 9월, 대한민국 국립현대미술관에 1억원(91,000달러가량)을 기부한 BTS의 RM은 개인 수상자 목록에 올랐다. 국립현대미술관은 이 기부금을 현재는 절판된 예술 출판물을 공공 도서관과 학교에 배포할 목적으로 출판하는 데 사용했다.

아동 음악 영재를 발견하는 유튜브 채널인 Henry Together를 운영하고 있는 가수 헨리 또한 예술 후원자로 밝혀졌다. 헨리는 베네수엘라의 어린이 오케스트라 활동인 "El Sistema"에 영감을 받아 만들어진 "꿈의 오케스트라"의 명예 대사이기도 하다.

또 다른 수상자로는 광주광역시립미술관 명예관장인 하정웅이 있다. 하정웅 명예관장은 미술관과 대학에 12,000점의 예술작품을 기부한 예술 수집가이다. 예술 후원자로 인정받은 회사들에는 KT 체임버 오케스트라가 있는 이동통신사 KT, COVID-19 대유행 사태로 고통받고 있는 인디 음악가들을 지원하는 오비맥주, 한국전력과 네이버TV 등이 있다.

시상식은 12월 21일 버추얼로 (가상으로) 진행되고 생방송되었다. 한국문화예술위원회 박종관 위원장은 "예술 후원자들의 예술에 대한 계속되는 도움이 COVID-19 대유행사태로 위협받는 예술계를 지원한다"고 말하며, "이러한 시기에도 지원을 계속해 주시는 후원자 여러분들께 정말로 감사하다"고 덧붙였다.

· 문제 해설 ·

1 개인 수상자 중에 하정웅 명예관장이 있으므로 ④번이 정답이다.

2 국립현대미술관은 RM의 기부금을 절판된 예술 출판물을 출판하여 공공 도서관과 학교에 배포하는 데 사용했다고 했으므로 ④번이 정답이다.

3 헨리가 명예 대사로 있는 프로그램은 Orchestra of Dream이다.

1 ③　　　2 ④　　　3 Kyoko Date

가상의 인플루언서 엔터테인먼트 현장으로 몰려들어

점점 많은 사업들이 가상 소셜 미디어 인플루언서들로 자신들의 브랜드를 홍보하는 동안, 몇몇 사업들은 인공 지능 인물을 엔터테인먼트 산업계에도 적용시키는 방법을 모색 중이다. 대한민국 첫 가상 소셜 미디어 인플루언서인 Rozy는 2월 22일, 첫 싱글집 "Who Am I"로 가수로서 데뷔했다. 음악 데뷔에 앞서, 이 가상 인물은 Tving의 코미디 시리즈, '내과 박원장'에서 카메오로 등장하며 시청자들을 놀라게 한 바 있다. Rozy는 국내 엔터테인먼트 회사들과 함께 일하는 다른 가상 인플루언서들과 함께 하고 있다. Reah Keem은 프로젝트를 감독하는 미스틱 엔터테인먼트의 윤종신과 함께 가수 데뷔를 준비 중이다.

세계 최초의 가상 아티스트는 일본의 Kyoko Date인데, 1996년에 데뷔했다. 1998년 한국에서도 가상 가수인 Adam이 데뷔했는데, 사람들의 관심을 끌어내는 데 성공했다. 이후 Cyda와 Lusia가 Adam의 발자국을 따라 걸었다. 그러나 가상 가수들의 첫 세대는 제작 비용이 수익보다 높아 적자가 나며 버려졌다. 그러는 동안 가상 인플루언서들은 현재 엔터테인먼트 시장의 블루오션이 되었다. 컴퓨터로 만들어졌으나 그들의 다양한 성격과 재능은 그들을 거의 인간으로 보이게 만든다. 가상 인간은 광고, 음악, 그리고 연기 등의 방면에서 널리 사용될 수 있다. 회사들은 가상 인플루언서들이 스캔들이 없으며 나이를 먹지 않는다는 점에 주목해 훨씬 더 매력적이라고 느낀다. 시간이나 공간의 제한도 없고 장기적으로 봤을 때 유명 연예인들과 함께 일하는 것보다 훨씬 더 싸다고 예능업계 관계자는 말했다.

Adam 프로젝트에 관여했던 정덕현 문화평론가는 코리아헤럴드에 연예산업이 쉽게 관심을 끌고 있다고 전했다. 가상 인플루언서들의 궁극적인 목표는 컴퓨터로 만들어진 3D 아바타들의 컨셉을 확장하는 것이라고 정덕현 문화평론가는 덧붙였다. "오늘날의 기술을 고려하면 음악 데뷔가 가장 쉬운 단계이고, 그 다음이 모델이다. 그렇기 때문에 가상 인간 뒤에 있는 많은 프로듀서들이 그들을 처음에 가수나 모델로 데뷔시키는 선택을 하는 것이다. 가상 인플루언서가 자연스러운 연기 동작과 함께 대사들을 말하게 만드는 데에는 더 발전된 기술이 필요할 것이다"라고 정덕현 문화평론가는 말했다.

· 문제 해설 ·

1 다양한 언어로 콘텐츠 제작이 가능하다는 말은 언급되지 않았으므로 ③번이 정답이다.

2 빈칸 ⓐ는 앞 문장에 첫 세대의 가상 가수가 여럿 등장했다는 내용이 나오고 뒷 문장에는 그 첫 세대가 적자가 나며 버려졌다는 내용이 나오므로 However(그러나)가 들어가는 것이 적절하다. 빈칸 ⓑ는 콤마를 기준으로 앞 문장은 가상 인플루언서들이 컴퓨터로 만들어졌다는 내용이고 뒷 문장은 그들의 다양한 성격과 재능은 그들을 거의 인간으로 보이게 만든다는 내용이므로 Although(비록 ~일지라도)가 들어가는 것이 적절하다.
① 그러나, ~하는 한 / ② 그러나, 만약 ~라면 / ③ 그러므로, ~ 할 때 / ⑤ 그러므로, ~ 때문에

3 세계 최초 가상 아티스트는 일본의 Kyoko Date이다.

Chapter 4

1 ⑤   2 ②   3 Greta Thunberg

타임지는 어린 과학자를 최초의 '올해의 어린이'로 선정

15세의 인도계 미국인 십대 발명가가 타임지 최초의 "올해의 어린이"로 이름을 올렸다. 타임지에 따르면 Gitanjali Rao는 콜로라도의 과학자이며, 자랑스럽게도 타임지 표지에 기재되는 "올해의 어린이"로 선정되었다. 십대 과학자이자 발명가인 Gitanjali Rao는 미국 전역 8세에서 16세 사이 5,000명의 후보들 중 선택되었다. Rao의 발명품들에는 식수에서 납을 감지하는 장치와 사이버 폭력을 줄일 수 있도록 돕는 앱이 있다. Gitanjali가 11세였을 때, Gitanjali는 식수에 납이 있는지 없는지 검사하는 시스템을 발명했다. 납은 가끔 식수에서 찾을 수 있는 위험한 금속인데, 특히 오래된 수도관이 있는 곳에서 찾을 수 있다. 이 발명은 Gitanjali에게 Discovery Education 3M Young Scientist Challenge에서 "America's Top Young Scientist"라는 상을 안겨줬다. Gitanjali Rao의 사이버 폭력 방지 앱은 Kindly라는 이름인데, 아이들의 마음을 아프게 할 수 있는 메시지들이 전송되기 전에 걸러내는 데 도움을 준다. 타임지의 심사위원들은 젊은 혁신가들이 자신들의 목표를 추구하는 전 세계적인 커뮤니티를 만드는 데 기여한 Rao의 노력에 감명을 받았다. Rao는 열정적이기만 하다면 아무리 작게 시작해도 상관없다고 말했다.
안젤리나 졸리와 함께 한 타임지 인터뷰에서 Rao는 과학과 기술 면에서 여성이 부족한 것에 대한 졸리의 질문에, "나는 여러분들이 일반적으로 생각하는 전형적인 과학자들의 모습이 아니다. 내가 TV에서 보는 모든 과학자들은 보통 나이든 백인의 모습이다. 내게는 마치 사람들의 성별, 나이, 피부색에 따라 정해진 직업이 있는 듯해서 이상했다"고 답했다.
타임지는 90년 이상 동안 "올해의 인물"을 매년 선정해 왔다. 작년엔 스웨덴 환경운동가인 그레타 툰베리가 16세로 가장 어린 등재자로 표지에 얼굴을 드러냈다. "올해의 어린이"는 어린이와 청소년들만을 대상으로 한 첫 번째 분야이다.

· 문제 해설 ·

1 Gitanjali Rao는 타임지 올해의 인물에 선정된 적이 있다는 내용은 언급되지 않았으므로 ⑤번이 일치하지 않는 내용이다.

2 주어진 문장은 "Rao의 발명품들에는 식수에서 납을 감지하는 장치와 사이버 폭력을 줄일 수 있도록 돕는 앱이 있다"의 뜻으로, Rao의 발명품에 대해 구체적으로 설명해 주는 문장 앞에 오는 것이 적절하므로 ⓑ가 정답이다.

3 작년 타임지가 선정한 올해의 인물은 Greta Thunberg이다.

1 ③   2 ①   3 9,500만 원

경복궁 근정전 가치가 32.9억밖에 안 되어

조선 시대(1392-1910) 경복궁의 옥좌가 놓인 근정전이 서울에서 부동산 가격이 제일 높은 강남구의 평균 아파트 가격보다 낮은 32억 9천만 원(287만 달러)의 가치가 있다는 소식이다. 국민의힘당 김승수 의원의 요청에 따라 문화재청이 제출한 문서에 따르면 국보로 지정된 경복궁 내 다른 3개 전은 각각 20억 이하의 가치가 책정되었다.
문화재에 낮은 가치가 책정되었다는 것은 이 문화재들이 손상을 입거나 파괴되었을 때, 문화재의 보험금이 복원에 필요한 금액보다 확연히 적음을 뜻한다. "우리는 문화재가 파괴되거나 손상을 입었을 때, 정부의 막대한 예산을 거기에 투자하는 것이 아니라 보험금을 통해 복원하는 방법을 마련해야 한다"고 김승수 의원은 기자회견에서 발언했다. 문화재청에 따르면 2008년 방화로 인해 국보 1호 숭례문이 불탔을 때, 복원에 들어간 비용은 225억원에 달했으나 지급된 보험금은 9천 5백만원밖에 되지 않았다.
1985년 국보 223호로 지정된 근정전은 1394년 조선 초대 왕인 태조 3년에 건설되었다. 1592년 임진왜란 때 불타고, 1867년 고종 4년에 재건되었다. 조선시대의 왕들은 근정전에서 국정을 다루고 외교 사절단을 만났으며, 즉위식을 거행하기도 하였다. 당시 고위 공무원, 군인들은 왕에게 존경을 표하기 위하여 이곳에 모이기도 하였다. 가장 최근에는 BTS 위크 스페셜을 위하여 BTS가 근정전 앞에서 "Idol"의 공연을 촬영하였다.

· 문제 해설 ·

1 임진왜란 때 불에 타 재건했다고 했으므로 원형이 잘 보존되었다는 ③번이 일치하지 않는 내용이다.

2 문화재의 가치가 낮게 책정되었다는 것은 문화재 손상 시 복원 비용보다 보험금이 훨씬 적다는 것을 의미한다.

3 숭례문이 방화로 인해 불탔을 때 지급된 보험금은 9,500만 원이다.

1 ②   2 ⑤

3 visitors' hair, clothing, nearby traffic pollution

대영 박물관 재개관을 앞두고 청소

163일 동안 닫혀 있던 대영 박물관이 8월 27일, 마침내 그 문을 열었다. 3월부터 코로나 바이러스 사태로 인해 문을 닫아야만 했던 대영 박물관은 안전하게 재개관할 수 있도록 철저한 청소를 실시했다. 30명 이상의 직원들이 박물관 전시품들에 쌓인 먼지를 털어내는 데는 3주가량이 걸렸다. 대영 박물관의 전시품 손상 예방 전문가이자 먼지 전문가인 Fabiana Portoni는 석상이나 토템 기둥 같은 고대 유물에 묻은 먼지 입자들의 축적은 장기적으로 봤을 때 전시물에 손상을 입힐 수 있다고 전했다. 대영 박물관 내부 먼지의 주요 원인은 방문객들의 머리카락, 옷, 근방의 교통에서 비롯된 오염물이다. Portoni 씨는 지역 미디어에서 "록다운 기간 동안 먼지들의 근원지는 줄어들었으나, 박물관 주변에 아직 먼지가 있었다"고 밝혔다.

Portoni 씨는 전시품들에 묻은 먼지를 털어내는 데에 물리적인 청소와 특수 용액을 사용했으며, 귀중한 유물들에 손상을 입히지 않기 위해 각고의 주의를 기울였다고 덧붙였다.

청소 전문가들은 박물관 폐관 기간 동안을 기회로 삼아, 시간에 쫓기지 않고 조심스럽게 유물을 청소할 시간을 가졌다. 평시 기간에 실행된 163일의 폐관 기간은 대영 박물관의 261년 역사 중 가장 긴 폐관 기관이었다. 1759년 처음 문을 열었던 대영 박물관은 영국을 방문하는 관광객들이 가장 많이 찾는 명소이다. 관광객들이 가장 많이 찾은 프랑스 파리의 루브르 박물관은 16주 동안의 폐관 기간 후, 7월 6일에 재개관했다. 마스크를 착용한 제한된 수의 방문객들만이 모나리자를 비롯한 세계적으로 유명한 보물들을 즐길 수 있었다. 관광산업이 여전히 멈춰 있는 상태에서, 박물관들은 국외의 관광객들을 유치하는 데서 국내의 방문객들을 유치하는 쪽으로 방향을 돌렸다.

· 문제 해설 ·

1 대영 박물관은 코로나 사태로 인해 163일 동안 휴관했다.

2 빈칸 앞 문장은 록다운 기간 동안 먼지들의 근원지가 줄어들었다는 내용이고, 뒷 문장은 박물관 주변에는 아직 먼지가 있었다는 내용이므로 however(그러나)가 들어가는 것이 적절하다.
① 그래서 / ② 게다가 / ③ 대신에 / ④ 그러므로

3 밑줄 친 "이 모든 먼지들의 근원지"는 바로 앞 문장의 visitors' hair, clothing, nearby traffic pollution을 가리킨다.

1 ①   2 Rising Sun Flag   3 ⑤

비정부 기구 온라인 판매자들에게 욱일기 상품 판매 금지를 촉구

대한민국의 비정부 기구가 세계적인 전자상거래 플랫폼 운영 기업인 Amazon, Google, Wish 등에 욱일기가 디자인된 상품들의 즉각적인 판매 중지를 요구하는 편지들을 보냈다.

지난달 인종 차별주의적인 상품의 판매를 금지하기 위해 BBC를 통해 발표된 전자상거래 대기업들의 새로운 조항에 이어서, 해당 플랫폼들은 문제가 된다고 여겨지는 하켄크로이츠(나치 독일 국기)나 전형적인 백인우월주의적인 이미지를 가진 상품의 판매를 중단했다. 하지만 VANK는 아직도 많은 아시아인들에게 고도로 공격적일 수 있는 일본 제국주의를 상징하는 문양을 사용한 물건들이 여전히 많음을 지적했다.

"많은 사람들이 하켄크로이츠는 극단적인 전체주의로 인해 수많은 죄 없는 이들이 비극의 피해자가 되었던 유럽의 뼈아프고 어두운 역사를 대표한다고 알고 있다. 그러나 욱일기의 존재 또한 일제의 치하에 있었던 국가들에겐 하켄크로이츠나 다름없다는 사실은 무시되어 왔다, 이러한 무지는 끝나야 한다."고 VANK는 인식의 부족에 대해 유감을 표했다.

VANK는 욱일기가 이 모욕적인 암시에 무감각하며 잘 알지 못하는 사람들에 의해 미적인 내용으로 자유로이 사용되며 판매되고 있다고 덧붙였다.

· 문제 해설 ·

1 Hakenkreuz란 나치 독일의 국기를 말한다.

2 많은 전자상거래 플랫폼들이 인종 차별주의적인 상품의 판매를 금지한 반면 욱일기 문양을 사용한 상품들은 여전히 많다는 내용이므로 빈칸에는 Rising Sun Flag (욱일기)가 들어가야 자연스러운 문장이 된다

3 빈칸의 앞 문장은 많은 사람들이 하켄크로이츠는 유럽의 어두운 역사를 대표한다는 것을 알고 있다는 의미이고 뒷 문장은 욱일기의 존재가 일제 치하에 있었던 국가들에겐 하켄크로이츠나 다름없다는 사실이 무시되어 왔다는 의미이므로 However (그러나)가 들어가는 것이 적절하다.
① 결과적으로 / ② 다행히도 / ③ 그러므로 / ④ 예를 들어

1 ②　　　2 ⑤　　　3 viewership rating

드라마 대본 매출이 성공의 지표로 떠올라

SBS 드라마인 "그해 우리는"의 시청률은 실망스러웠을 수 있으나, "그해 우리는"의 대본 판매 부수는 다른 이야기를 보여주고 있다. 이 드라마의 대본은 국내 온라인 서점인 '알라딘'과 'Yes24'에서 베스트셀러 리스트 상단에 이름을 올렸다.

드라마의 성공은 주로 시청률에 의해 평가되었으나, OTT 플랫폼(Over The Top Platform. 인터넷을 통해 방송 프로그램, 영화, 교육 등 각종 미디어 콘텐츠를 볼 수 있게 만들어 놓은 인터넷 플랫폼)과 OTT 서비스의 성장하는 유명세가 성공 판단 요소에서 시청률의 영향력을 줄였다.

같은 시간대에 방영되는 드라마들 가운데에서 "그해 우리는"의 최신 화가 4.1퍼센트의 가장 낮은 시청률을 기록했으나 이 월화 드라마는 한국, 홍콩, 일본, 싱가포르, 대만, 베트남, 그리고 인도네시아를 포함한 다양한 나라에서 3주 넘는 기간 동안 넷플릭스의 탑10 차트에서 1위의 고공행진을 하고 있었다.

2권 분량의 "그해 우리는" 대본은 1월 12일부터 선주문되고 있었는데, 1주일 넘는 기간 동안 베스트셀러 목록의 1위 2위를 차지했다. Yes24에 따르면 44.2퍼센트의 구매자들은 20대였으며, 그 다음으로 구매한 구매자들은 30대(22퍼센트), 40대(14.6퍼센트), 그리고 10대(13.4퍼센트)였다. 이나은 작가에 의해 쓰여진 무편집 대본은 2월 16일, 책의 초판본을 사는 고객들만을 위한 특별 상품과 함께 시중에 나올 예정이다.

MBC의 최신 드라마 히트작인 "옷소매 붉은 끝동(2021)"과 tvN의 "갯마을 차차차(2021)" 또한 방영 후 사진 에세이와 대본을 공개했다. 이 두 대본 또한 온라인 서점인 '알라딘'과 'yes24'의 베스트셀러 차트에서 각각 2위와 1위를 했다.

Yes24 관계자는 기자회견에서 "더 많은 텔레비전 드라마가 다양한 국내, 국제 스트리밍 플랫폼에서 볼 수 있게 됨에 따라, 새로운 드라마 팬들의 수가 늘어나고 이는 유명 시리즈와 관련된 콘텐츠에 대한 요구를 드높였는데, 이 요구에는 드라마 대본 또한 포함된다"고 밝혔다.

Yes24 관계자는 The Korea Herald와의 인터뷰에서 "더 많은 팬들이 대본을 구매하며 그들의 사랑과 지지를 보여줌에 따라 원작 대본을 읽는 것이 주류가 되었는데, 이는 드라마의 유명세에 대한 흥미로운 정보를 제공한다"고 말했다.

· 문제 해설 ·

1 다양한 나라에서 3주 넘는 기간 동안 넷플릭스의 탑 10 차트에서 1위를 했다고 했으므로 ②번이 옳은 설명이다.

2 "더 많은 텔레비전 드라마가 국내, 국제 스트리밍 플랫폼에서 볼 수 있게 됨에 따라, 새로운 드라마 팬들의 수가 늘어나고 있다"라는 의미가 되어야 자연스러운 문장이므로 As (~함에 따라)가 들어가야 한다.
　① 비록 ~일지라도 / ② ~하지 않는 한 / ③ 그러나 / ④ ~ 할 때까지

3 The success of a TV series has been judged largely by its viewership rating에서 드라마의 성공은 주로 시청률에 의해 평가되었다고 하였으므로 정답은 viewership rating이다.

✍️ Chapter 5

01

p.60

1 ④　　2 ①　　3 traditional

국악에 날개를 달아 주는 '상모'

"상모는 국악 공연을 더 풍부하게 만들어 주기에 국악의 날개라 불릴 수 있다"고 김지원 농악인은 말한다. 상모는 장식이 달린 조선 시대 군용 모자이다. 이 장식은 모자 꼭대기에 달리는데, 이는 리본, 깃털, 혹은 꽃 같이 다양한 모양을 할 수 있다. 상모를 쓰는 공연자는 농부들에 의해 만들어진 전통 음악이자 춤인 농악을 연주하는 다른 사람들과 함께 악기를 연주하면서 동시에 머리를 돌린다. 빙글빙글 돌아가는 장식의 리드미컬한 움직임은 청중들을 시각적으로 끌어들이며 농악 공연에 활기 넘치는 에너지를 더한다.

김지원 농악인의 상모는 꼭대기에 아주 긴 종이 리본이 달려 있다. "나는 이 리본을 공중에 띄워 계속해서 돌리는 것을 잘하며, 이는 악기를 연주하며 리본이 공중에서 원을 만들도록 한다. 우리는 이것을 '연풍대'라 부른다"고 김지원 농악인은 말했다.

상모로 하는 공연, 혹은 '상모 돌리기'라 불리는 이 행동은 목과 몸의 극적인 움직임을 요하는데, 이에 따라 공연자들은 부상을 당하기 쉽다. "그러나 무대에 서게 되면 저는 음악에 몰입되며 다치는 것에 대한 어떤 걱정도 잊어버리게 되지요. 저는 무대에 올라갈 수 있다는 것에 행복해요"라고 김지원 농악인은 말했다.

김지원 농악인과 국악의 첫 만남은 고등학생이 됐을 때 학교의 전통 음악밴드였다. 전통 문화에 이끌려 대학에서 한국 전통음악을 전공한 후, 김지원 농악인은 여러 전통 밴드와 서울과 수원, 경기도의 공연팀에서 활약하게 됐다.

"저는 외국 관광객들이 우리 공연을 보러 와서 악기를 연주해 보려 할 때 보람을 느낍니다. 하지만 그렇게 많지 않은 한국인들이 한국 전통 문화에 관심을 보인다는 것을 알았습니다"라고 김지원 농악인은 전했다. "한국의 전통 문화는 셀 수 없는 방식으로 발전할 가능성이 있습니다. 최근의 트렌드는 전통을 보호하는 동시에 현대의 관점에서 전통을 재해석하는 것입니다. 현대 관중들의 공감을 얻도록 노력하는 것이 결실을 맺기를 바랍니다"라고 김지원 농악인은 덧붙였다.

· **문제 해설** ·

1 김지원 농악인은 고등학생 때 국악을 처음 접했다고 했으므로 ④번이 일치하지 않는 내용이다.

2 이 글에서 buoyant는 '활기를 돋우는'이란 뜻이므로 ① cheerful (활기찬)이 의미상 가장 가깝다.
② 가벼운 / ③ 특별한 / ④ 부정적인 / ⑤ 다양한

3 folk는 '민속의, 전통적인'이란 뜻이므로 traditional과 바꿔 쓸 수 있다.

02

p.62

1 ③　　2 ①

3 고려 시대와 조선 시대의 문서에 등장하는 활을 쏜다는 뜻을 담은 순수 우리말이기 때문에

한국 전통 문화 활쏘기가 국가 문화유산으로 지정되어

대한민국 활쏘기가 국가무형문화재로 지정되었다고 문화재청이 발표했다. 문화재청은 한국 전통무예 역사에 큰 축을 담당하는 "활쏘기", 혹은 국궁의 가치가 인정받은 것이라 밝혔다.

문화재청은 활쏘기의 역사적 문학과 문화 속에서의 잦은 언급, 활과 화살 제조에 대한 자세한 내용을 담은 문헌과 그에 해당하는 전승, 그리고 한국 전통 무술 역사에서의 관련성을 사례로 들었다.

"활쏘기"라는 단어가 선택된 이유는 고려 시대, 조선 시대의 문서에서 자주 등장하며, 활을 쏜다는 뜻을 담은 순수 우리말이기 때문"이라고 문화재청은 밝혔다. 활쏘기는 기원전 57년부터 서기 668년까지 이어진 삼국 시대 중, 불교의 영향을 크게 받은 정예 남성 집단인 화랑이라는 이름의 전사 집단에 주로 권한을 준 신라 시대부터 한국의 군사 전략 역사의 중점이었다.

대한민국은 올림픽뿐 아니라 다른 국제 대회에서 수십 년 동안 현대 양궁 부문에서 선두에 서 있다. 한국의 재능 있는 인력들이 너무나도 수준이 높아 국내 대회도 국제 대회 같은 치열함을 보일 정도이다.

또 다른 국가 무형문화유산으로는 전통 민속 음악인 '아리랑', 한국의 레슬링 '씨름', 난방 시스템 '온돌', 그리고 '해녀' 문화 혹은 UNESCO에 의해 무형문화유산으로 인정받은 제주도의 여성 잠수사 등이 포함되어 있다.

· **문제 해설** ·

1 활쏘기는 유네스코 세계 문화 유산으로 지정된 것이 아닌 국가무형문화재로 지정된 것이므로 ③번이 일치하지 않는 내용이다.

2 탈춤은 무형문화유산으로 윗글에서 언급되지 않았다.

3 등재 단어로 "활쏘기"라는 단어가 선택된 이유는 고려 시대, 조선 시대의 문서에서 등장하며, 활을 쏜다는 뜻을 담은 순수 우리말이기 때문이라고 문화재청이 밝혔다.

슬픈 기억이 없다면 우리는 미래에서 행복을 찾을 수 있을까?

윤정은 작가의 "메리골드 마음 세탁소"

수필가 윤정은 작가가 11년 만에 처음으로 장편소설로 돌아왔다. 3월 6일에 발간된 이후로, 이 판타지 소설은 한국 베스트셀러 리스트 상위 5위에서 지속적으로 자리를 지켰다.

이 이야기는 한밤중에 한 언덕에서 신비롭게 등장한 기이한 세탁소에서 펼쳐진다. 창백한 얼굴과 길고 곱슬거리는 검은 머리를 가진 불가사의한 여인인 지은은 세탁소를 찾는 사람들에게 따뜻한 차를 내준다. 그녀의 차를 마신 사람들은 다른 사람들과 절대 나눈 적이 없는 이야기들을 풀어내고, 그 고통스러운 기억들을 마치 셔츠의 얼룩을 지워 버리는 것 같이 지워 달라고 부탁한다. 이 이야기는 다양한 에피소드들의 방문객들에게서 드러나는데, 가난으로 손상된 어린 시절, 버릴 수밖에 없던 꿈, 사랑하는 사람들로부터의 배신, 그리고 학교 폭력으로 인한 상처 등이 그런 것이다.

지은 자신 또한 고통스러운 과거를 가지고 있다. 그녀는 2개의 놀라운 능력들을 가지고 태어났으나 이 능력들은 그녀도 모르는 사이에 드러났고, 결국 그녀의 부모들과 하룻밤 사이에 헤어지게 돼 버렸다. 그녀는 그때부터 그녀의 부모를 찾아오고 있다.

이 책은 친구들에 대한 우리의 연민은 물론, 우리의 상처를 인정하고 마음을 여는 용기를 강조한다. 윤정은 작가는 작가의 말에 "이 책은 슬픔과 기쁨이 서로 어떻게 연결되어 있는지를 탐구한다. 같은 하늘에 해와 달이 함께 존재하는 듯이 말이다. 나는 상처들이 꽃으로 피어날 수 있고, 밝은 슬픔이 존재하며, 그리고 한 사람의 추진력과 믿음이 우리의 삶에 대한 의지에 불을 다시 지필 수 있음을 배웠다."라고 말했다.

· **문제 해설** ·

1 이 책은 우리의 상처를 인정하고 마음을 여는 용기는 물론, 우리의 친구들에 대한 연민을 강조한다고 하였으므로 ④번이 정답이다.

2 이 글에서 remarkable은 "놀라운"의 뜻이므로 incredible이 의미상 가장 가깝다.
  ① 끔찍한 / ② 사소한 / ③ 유용한 / ④ 평범한

3 소설에서 주인공의 차를 마신 사람들은 고통스러운 기억들을 마치 셔츠의 얼룩을 지워 버리는 것 같이 지워 달라고 부탁한다고 말한다.

'3일의 휴가' 김해숙, 모든 종류의 엄마를 연기하고 싶다

"우리 형(2004)", "해바라기(2006)", 그리고 "친정엄마(2010)" 같은 히트작에서 어머니의 역할을 맡은 것으로 알려진 베테랑 배우 김해숙 씨는 "3일의 휴가"에서 다시 한번 어머니로 등장한다.

김해숙 배우가 분하는 복자라는 등장인물은 고인으로, 가이드(강기영 분)가 이끄는 "천국에서의 휴가"의 일부분으로 딸인 진주(신민아 분)를 만나러 이승으로 왔다.

복자가 딸을 가까운 거리에서 볼 수 있음에도, 진주는 복자를 듣지도, 보지도 못한다. 제일 친한 친구인 미진(황보라 분)과 함께 진주는 집밥 음식을 파는 식당의 주인인데, 어머니의 요리법을 다시 살리려 하고 있다. 김해숙 배우는 엄마에게 많은 감정을 표출하지도 않고 사소한 것으로 엄마와 싸우는 진주 같은 딸은 자신과 자신의 딸과 같다고 말했다. 복자의 갑작스러운 사망 이후, 진주는 모든 것을 후회하고 명성 높은 미국 대학의 교수로시의 모든 직업을 그만둔다.

"내 자신이 지금 엄마지만, 우리 어머니를 생각할 때 갑작스러운 분노와 슬픔을 느낀다. 이 감정들이 이 영화에 들어 있다. 솔직히 나도 어렸을 때는 진주와 같았다"고 김해숙 배우는 코리아헤럴드에 말했다.

김해숙 배우는 어머니가 자신이 어렸을 때 아주 엄격했으며 그것이 자신의 딸에게 친구 같은 엄마가 되게 하고 싶은 마음을 줬다고 공유한 후, 김해숙 배우는 연기 경력과 가족 사이를 줄타기하는 워킹맘으로서의 삶은 쉽지 않았다고 말한다. "(배우가 된다는 것은) 불가피하게 나를 내 자식과 함께할 수 없는 상황으로 밀어 넣기도 했다. 그래서 나는 내 아이에 대해 미안한 것이 있다. 나는 언제나 나 자신을 전문적이지 않은 엄마로 본다"고 김해숙 배우는 덧붙였다. 김해숙 배우는 여전히 연기에 대한 갈증이 있으며, 특히 미래에 다른 종류의 어머니 역할을 맡는 것에 그렇다고 전했다.

· **문제 해설** ·

1 극 중 진주는 엄마에게 많은 감정을 표출하지도 않고 사소한 것으로 엄마와 싸운다고 한 것으로 보아 ⑤번이 일치하지 않는 내용이다.

2 ⓑ, ⓒ, ⓓ, ⓔ의 her는 모두 진주를 가리키고 ⓐ는 복자를 가리키므로 ①번이 정답이다.

3 different kinds of ~은 "다른 종류의 ~"이므로 "다른 종류의 어머니 역할"은 different kinds of mother roles이다.

1 ④   2 ⑤   3 growing season, survival

추수감사절의 역사와 어떻게 지켜지고 있는지

추수감사절은 미국이 매해 11월 4번째 목요일에 축하하는 공휴일이다. 이 추수감사절이 가장 처음으로 지켜진 것으로 잘 알려진 것 중 하나는 플리머스 농장의 순례자들과 왐파노악 부족 간에 행해진 1621년 축하행사이다. 이는 추수 시기를 성공적으로 마치고 질병의 전파 이후 살아남은 것을 축하하기 위함이었다. 첫 번째로 공식적으로 선언된 추수감사절은 1777년, 조지 워싱턴의 명령으로 사라토가에서 영국군을 물리쳤다는 승리 축하와 신에 대한 사람들의 감사를 축하하는 날로써 지내게 되었다. 과거의 추수감사절은 대부분 추수감사 저녁식사와 함께 했는데, 여기에는 구운 칠면조, 옥수수, 호박, 콩, 크랜베리, 스쿼시, 그리고 보리가 함께한다. 초기 추수감사절은 몇몇 식민지에서 아주 많은 양의 술들을 마시는 것과도 관련이 있었다. 1621년 추수감사절 때 사람들은 사슴, 물개, 바닷가재, 백조 등 그들이 가지고 있는 무엇이든 준비했다.

현재 추수감사절은 퍼레이드, 자선 기부, 가족과의 저녁식사, 그리고 감사를 드리는 것으로 축하한다. 추수감사 식탁에 올라가는 가장 보편적인 음식은 구운 칠면조, 그래이비 소스, 칠면조 안에 채워 넣는 속재료, 호박 파이, 크랜베리 소스, 브레드 롤, 옥수수, 으깬 감자와 고구마, 콩(그린 빈 류), 야채다. 많은 단체들은 추수감사절 때 장기 보관이 가능한(잘 부패하지 않는) 음식이나 통조림 음식들을 모으는데, 이는 어려움에 처한 사람들에게 기부하기 위함이다. 더 나아가 1924년부터 Macy's Thanksgiving Day Parade는 뉴욕에서 매년 열려 왔다.

전 세계적으로 추수감사절은 오로지 몇몇 국가에서만 지켜지는데 날짜도 미국과는 다르다. <u>예를 들어 캐나다의 추수감사절은 미국보다 이른, 약 1578년 때 시작한 것으로 보인다.</u> 캐나다의 추수감사절은 10월 둘째 주 월요일에 열리며, 사람들은 구운 칠면조, 호박 파이, 고구마, 그리고 햄을 먹는다. 중국에선 매년 음력 8월 15일에 추수 축하 행사(Chung Chiu Moon Festival)을 연다. 이는 월병을 함께 먹는 3일 간의 축하이다.

· 문제 해설 ·

1 현재 추수감사절에는 많은 단체들이 장기 보관이 가능한 (잘 부패하지 않는) 음식이나 통조림 음식들을 모아 필요한 사람들에게 기부한다고 했으므로 ④번이 정답이다.

2 주어진 문장은 "예를 들어 캐나다의 추수감사절은 미국보다 이른, 약 1578년 때 시작한 것으로 보인다"의 뜻으로, 미국과는 다른 날짜의 추수감사절의 예시이므로 ⓔ에 들어가는 것이 자연스럽다.

3 미국의 추수감사절은 1621년 추수 시기를 마치고 질병의 전파 이후 살아남은 것을 축하하기 위해 시작되었다.

✍ Chapter 6

1 ④   2 ③   3 Learn! KOREAN with BTS

미들베리대학 BTS와 함께 한국어를 배워

10월 6일, 한국국제교류재단은 외국어 프로그램으로 유명한 Vermont주 내 Middlebury 문과대학에서 "Learn! KOREAN with BTS"라는 강좌 시리즈를 시작했다고 전해 왔다.

이번 8월, 한국국제교류재단과 K-pop의 유력 집단인 Big Hit 엔터테인먼트 내 교육 비즈니스 단체인 Big Hit Edu, 그리고 한국외국어대학교는 한국어 교육 프로그램을 개발 및 제공할 것이라 발표한 적이 있다. 이번 Middlebury 대학에서 실시되는 사이버 강좌는 이 세 단체에 의해 실시되는 첫 번째 프로젝트이다. 이 강좌는 한국외국어대학과 Middlebury 대학 교수들이 공동으로 실행한다. 이 강좌의 교과서인 "Learn! KOREAN with BTS"는 K-pop 팬들이 BTS와 관련된 문화 콘텐츠를 통해 한국어를 배울 수 있도록, 한국외국어대학의 허용 교수, Big Hit Edu에서 공동 개발했다.

"일반적으로 외국어 강좌 하나에 참석할 수 있는 학생의 수는 최대 14명이나, BTS 한국어 강좌는 한 반의 학생 수가 20명이나 된다'고 Middlebury 대학의 Sahie Kang 외국어 교수는 발표했다. Sahie Kang 교수는 참여 학생들 모두 100%의 출석률을 보이며 수업을 즐겼다고 덧붙였다.

한국국제교류재단에 따르면 Middlebury 대학 1학년 학생들은 일주일에 2번, 각 3시간의 온라인 강의를 받고 있다. 한국국제교류재단은 해당 강좌가 13시간의 시차를 두고도 한국 교수들에 의해 생방송으로 진행된다고 발표했다.

베트남의 Thang Long 대학, 프랑스의 Ecole Normale Superieure, EDHEC Business School을 포함한 해외의 대학들도 올해 같은 프로그램을 시작했다. 베트남과 이집트의 대학들 또한 10월 중반에 해당 온라인 강좌를 실시할 것이다.

· 문제 해설 ·

1 한국국제교류재단에 따르면 미들베리 대학 1학년 학생들은 일주일에 2번, 각 3시간의 온라인 강의를 듣는다고 했으므로 ④번이 정답이다.

2 빈칸 앞은 수업이 한국 교수들에 의해 생방송으로 진행된다는 내용이고 빈칸 뒤는 13시간의 시차가 있다는 내용이므로 ③번 despite(~에도 불구하고)이 오는 것이 적절하다.

3 미들베리 대학의 한국어 강좌 교과서 이름은 "Learn! KOREAN with BTS"이다.

뱅크시 서울 쇼 복제품 논란에 휩싸여

뱅크시의 작품들이 서울 "The Art of Banksy - Without Limits" 전시회에서 공개된다는 뉴스가 퍼졌을 때, 이 전시회는 가장 기대가 되는 쇼 중의 하나가 되었다. 이 전시회는 2016년부터 11개국의 투어 후 서울 동부 더서울라이티움에서 8월 27일부터 시작되었다. 총 25,000장의 입장권이 전시회가 시작되기도 전 선주문에서 팔렸으며, 이는 작품의 유명세와 미스터리한 예술가의 궁금증을 반영한다.

전시회가 열리고 얼마 되지 않고 나서 방문객들은 이 전시회에 뱅크시의 원래 작품들이 몇 개 없다는 불만을 표시하는 리뷰들을 올리기 시작했다. 전시회를 관람한 한 관람객은 "이 전시회 대부분의 작품들이 복제품이라는 걸 명시하지 않은 것이 안타깝다"고 적었다. 문제점을 확실히 하고자 하였던 전시회 주최를 맡은 LMPE Company에 의하면, 총 150개의 작품 중에서 27개만이 원본이었다. "전시회에 대한 오해가 있었다. 우리는 어떤 예술품이 원본인지 알리는 전단지를 준비하고 있었다"고 LMPE Company 박봉수 본부장은 말했다. "뱅크시는 사회적 문제를 노골적으로 말하는 예술가다. 이번 전시회는 예술가의 메시지를 전달하며 관람객으로 하여금 그들도 각자의 방법으로 세상에 긍정적인 영향을 퍼뜨릴 수 있다는 것을 알 수 있게 돕는 것에 초점이 맞춰져 있다"고 박봉수 본부장은 덧붙였다. 서울에 기반을 둔 LMPE Company는 방문을 취소하고자 하는 사람에 대한 환불을 해 주기로 했다.

전시회는 Pictures on Walls(이하 POW) 마크가 붙은 뱅크시의 원작 3개, Smiling Copper, Consumer Jesus(쇼핑백을 든 예수), 그리고 Bomb Hugger를 포함한다고 LMPE Company는 말했다. POW는 뱅크시를 포함한 길거리 예술가들의 작품집인데, 2003년에 시작되었으며 예술가들이 딜러에게 수수료를 내지 않고 바로 작품을 팔 수 있게 해 준다.

· 문제 해설 ·

1 뱅크시 작품이 도난당했다는 것은 언급되어 있지 않으므로 ⑤번이 정답이다.

2 전체적인 이 글의 내용은 뱅크시 전시회의 대부분의 작품들이 원본이 아닌 복제품이기에 논란이 되었다는 글이므로 "불만을 표시하는 리뷰"가 되어야 자연스럽다. 따라서 ②번이 정답이다.
① 만족 / ③ 흥분 / ④ 안도 / ⑤ 감사

3 LMPE Company는 전시 방문을 취소하고자 하는 사람들에게 환불을 해 주기로 했다.

올해 보령 머드축제는 온라인과 오프라인으로 열릴 예정

서울에서 남쪽으로 190km 떨어진 충청남도의 도시, 보령시는 매년 열리는 제24회 보령 머드축제를 대천 바닷가에서 7월 23일부터 10일간 온라인과 오프라인 이벤트를 같이 한다고 발표했다. 올해의 보령 머드축제는 "On and Off"라는 슬로건 아래 총 18개의 프로그램을 포함하는데, 이 중 11개는 온라인 콘텐츠이며 7개는 오프라인 콘텐츠이다.

온라인 프로그램은 네티즌들이 다양한 관광 자원들과 지역 음식, 머드축제 그 자체를 집에서 즐길 수 있으며 상호작용 스트리밍 시스템에 기반을 둔 머드축제 경험 이벤트, 보령의 농업 및 어업 특산물로 만들어진 음식의 요리법, 그리고 다양한 제품들을 위한 경매 등을 즐길 수 있도록 하는 데 의의를 둔다.

오프라인 프로그램은 머드 스프레이 샤워부스, 스스로 만드는 머드팩 경험, 그리고 100개 팀이 만들어 내는 재미있는 활동 콘텐츠를 포함할 것이다.

보령시청 관계자들은 오프라인 이벤트들에 우려점이 있기 때문에 방문 관광객들의 안전을 최우선 순위로 둘 것이라고 말했다. 그러한 이유로, 도시 전역에 격리 부스들이 설치될 것이며, 이는 대천 바닷가, 대천역, 그리고 버스 터미널들의 입구에도 설치될 것이다. 작년 보령 머드축제는 COVID-19 바이러스 전염에 대한 공포로 인해 온라인 축제로 축소된 바 있다. "우리는 COVID-19 바이러스 백신 접종의 접종률이 증가함에 따라 어느 정도 일상생활로 돌아갈 수 있을 것이라고 예측되기에 온라인과 오프라인 이벤트를 혼합하기로 결정하였다"고 김동일 보령시장은 말했다.

보령은 서해를 따라 형성된, 피부 노화 방지를 돕는 것으로 알려져 있고 광물질들이 풍부한 고품질의 머드가 많은 아주 넓은 갯벌로 유명하다. 1998년부터 대한민국 중부지방의 이 도시는 전 세계적인 관광객들에게 한국의 천연 자원을 홍보하기 위한 일환으로 머드축제를 조직하였다.

· 문제 해설 ·

1 이 글에서 보령 머드축제의 온라인 사이트는 언급되지 않았으므로 ⑤번이 정답이다.

2 주어진 문장은 "그러한 이유로, 도시 전역에 격리 부스들이 설치될 것이며, 이는 대천 바닷가, 대천역, 그리고 버스 터미널들의 입구에도 설치될 것이다."라는 뜻으로, 머드축제를 방문하는 관광객들의 안전을 최우선 순위로 둘 것이라는 문장 뒤에 들어가는 것이 적절하므로 ③번이 정답이다.

3 올해 보령 머드축제의 슬로건은 "On and Off"이다.

1 ④　　　　2 ①　　　　3 Where London Meets Korea

한국 역사를 소개하는 첫 런던 도보 여행이 열리다

한국의 문화와 역사에 관심이 있는 영국 시민들을 위한 도보 여행이 열렸다. 한국 관광청은 주영한국문화센터와 함께 합동으로 6월 30일부터 도보 여행을 실시했으며, 이는 한국과 연결점이 있는 이 도시의 지역과 그 상징적인 특징들을 선보였다.

2시간여로 계획된 이 도보 여행은 코로나 바이러스 대유행 사태 이후 국가 간 여행이 가능한 상황을 기다리며 미래에 한국을 방문하고 싶은 영국 국민들에게 닿을 수 있도록 기획되었다. "Where London Meets Korea"라는 슬로건 아래에, 417명의 지원자들 중 20명이 추첨에 당첨되었다.

현지 가이드가 투어에 참여해 한국의 역사와 문화를 자세히 설명하며 영국과의 관계를 설명했다. 6.25 한국전쟁 발발 71주년을 기념하고 한국전쟁 당시 싸웠던 영국 군인들을 기억하기 위하여 도보 여행은 템즈 강 근처의 한국전쟁 기념비에서부터 시작된다.

런던의 도시 중앙을 돌아다니며 이 여행은 주영한국문화센터와 트라팔가 광장을 방문하는데, 이곳들은 지난 2015년 8월, 2015년 런던 코리안 페스티벌이 열렸던 곳들이다. 그 후 축제 참가자들은 대영박물관의 한국관으로 들어가 한국에서 들어와 전시된 역사적 문화와 예술품들을 탐구하게 된다. 도보 여행은 해질녘에 끝나며, 런던 내 한국 식당들과 가게들을 즐기며 끝을 맺는다.

"우리는 한국에 대한 궁금증을 자아내는 노력을 계속할 것이고, 국제 여행이 재개될 때에 영국 국민들이 한국을 방문할 수 있도록 장려할 것이다"라고 한국관광청 영국지부 이상민 지사장은 언론 공개에서 발표했다.

· 문제 해설 ·

1 런던 도보 여행은 코로나 바이러스 대유행 사태 이후 국가 간 여행이 가능한 상황을 기다리며 미래에 한국을 방문하고 싶은 영국 국민들에게 닿을 수 있도록 기획되었다고 했으므로 ④번이 정답이다.

2 런던 도보 여행 참가자들이 방문할 곳으로 주영 한국 대사관은 언급되지 않았으므로 ①번이 정답이다.

3 런던 도보 여행의 슬로건은 "Where London Meets Korea"이다.

1 ⑤　　　　2 ③　　　　3 661배

TV 쇼가 도서 판매량을 신장시켜

대한민국에서 가장 큰 서점인 교보문고에 따르면 TV 연예프로그램에 나온 책들이 여행, 시, 요리 부문에서 베스트셀러 목록에 오르며 베스트셀러 차트를 휩쓸고 있다.

빌 브라이슨의 "나를 부르는 숲"을 예로 들면, 이 책은 시나리오 작가 김은희 작가가 KBS2의 "북유럽" 프로그램에서 책을 소개한 후 여행 부문 베스트셀러가 되었다. 해당 프로그램이 2.3%의 시청률을 기록하며 방영된 이후, 해당 책의 판매량이 101배 늘었다.

"북유럽"은 집에 있는 유명인들을 방문해 자신이 가장 좋아하는 책이 무엇인지 토론하고, 서비스가 부족한 지역에 도서관을 세우는 데 기부를 하는 프로그램이다. 매주 소개되는 책들은 판매량이 급등하며, 교보문고는 웹 사이트에 각 회차마다 등장한 책들을 보여 주는 이벤트 페이지를 만들었다.

토크쇼에 등장하는 작가들 또한 베스트셀러 차트에 영향을 준다. 원태연 시인이 1월 6일 tvN의 "유 퀴즈 온 더 블럭"에 등장했을 때, 그의 시집인 "그런 사람 또 없습니다"가 시 분야 차트에서 상위권을 차지했다. 책을 쓰기 위해 한글을 배웠던 "요리는 감이여"의 두 저자들이 원태연 시인이 등장한 에피소드에 등장하자, 해당 책의 판매량은 661배 올랐고, 지난주 요리 부문 베스트셀러가 되었다.

많은 "미디어 셀러"-미디어와 베스트셀러를 합친 합성어-는 더 많은 독자들을 끌어들이기 위해 해당 책들이 나온 프로그램과 함께 명시되고 있다. TV 연예 프로그램 판매자들에게 있어 소비자 중 73.8%는 여성이었고, 이 중 31.9%는 40대였으며 25.3%는 30대였다.

이러한 트렌드는 새로운 것이 아니다. 작년 9월 K-pop 밴드 BTS가 BTS 리얼리티 쇼에서 손원평의 "아몬드"를 읽었을 때, 이 유명한 소설의 판매량은 급등했다. 이 책은 작년 한국의 공공도서관에서 가장 많이 대출된 책이 되었는데, 특히 40대 여성들에게 가장 인기 있었다.

· 문제 해설 ·

1 BTS가 읽은 책은 작년 공공 도서관에서 가장 많이 대출된 책이라고 했으므로 ⑤번이 일치하지 않는 내용이다.

2 주어진 문장은 "토크쇼에 등장하는 작가들 또한 베스트셀러 차트에 영향을 준다."의 뜻으로 그 뒤에는 토크쇼에 나온 작가의 예시가 오는 것이 적절하므로 ③번에 들어가는 것이 자연스럽다.

3 책 "요리는 감이여"는 "유 퀴즈 온 더 블럭"에 등장한 후 판매량이 661배 증가했다.

✏️ Chapter 7

01
p.84

1 ①　　　2 ④　　　3 A Week with Will the Worm

배고픈 애벌레의 저자 에릭 칼 91세의 나이로 사망

누구에게나 사랑받는 동화책, 'The Very Hungry Caterpillar'의 저자인 Eric Carle이 향년 91세의 나이로 5월 23일 사망하였다. Carle은 작가이자 삽화가였던 길고 긴 경력 동안 70개 이상의 동화책을 만들었다. 그의 동화에서는 곤충들이 종종 다뤄졌다.

'배고픈 애벌레'는 1969년에 처음 발간되었다. 이는 배고픈 애벌레가 사과, 배, 오렌지, 케이크, 스위스 치즈, 그리고 많은 것을 일주일 동안 먹어 치운 후 알록달록한 화려한 나비가 되는 이야기이다. 이 책은 아이들이 숫자와 요일에 관한 개념을 이해하는 데 도움을 준다. 책의 내용 중에선, "월요일에 애벌레는 사과 하나를 먹었어요. 하지만 여전히 배가 고팠답니다. 화요일에 애벌레는 배 2개를 먹었지만, 여전히 배고팠어요." 같은 글이 나온다.

'배고픈 애벌레'는 60개 이상의 언어로 번역되었으며 약 5,500만 부가 판매되었다. 이 책은 원래 "애벌레 윌과 일주일을"이라는 제목의 책벌레에 대한 것이었으나, Eric Carle 작가가 편집자의 충고를 받아들여 책벌레를 애벌레로 바꿨다. "난 그 이야기를 아이같이 기억하고 있다, 나는 결코 커서 덩치도 커지고 뭔가를 잘 표현하기도 하는 똑똑한 사람이 될 거라고는 생각하질 못했다. '애벌레'는 희망의 책이다, 여러분도 자라서 날개를 가질 수 있다"고 작가는 1994년 New York Times와의 인터뷰에서 말했다.

Carle 작가의 동화 경력은 1967년, Bill Martin Jr.가 그의 책 "Brown Bear, Brown Bear, What Do You See?"의 삽화를 그리도록 고용하고 나서부터 시작되었다. "Brown Bear, Brown Bear, What Do You See?", Do You Want to Be My Friend?와 "From Head to Toe" 같은 책들을 통해 Carle 작가는 단순한 단어들과 밝은 색감으로 보편적인 주제들을 소개했다. 그는 아이들을 위한 글을 어떻게 써야 하는지 완벽하게 이해하고 있었다. 드물게 사용되는 단어를 쓰고, 반복하며, 과정과 순환에 중점을 두는 그의 이야기들은 수백만 어린이들에게 사랑받고 있다.

· 문제 해설 ·

1 동화 "배고픈 애벌레"는 1969년 출간되었으므로 ①번이 일치하지 않는 내용이다.

2 ⓐ, ⓑ, ⓒ, ⓔ는 모두 Carle을 가리키고 ⓓ는 Bill Martin Jr.를 가리키므로 ④번이 정답이다.

3 동화 "배고픈 애벌레"의 원래 제목은 "A Week with Will the Worm"이다.

02
p.86

1 ③　　　2 ④　　　3 natural resources, gold

신코 데 마요

Cinco de Mayo는 스페인어로 "5월 5일"이라는 뜻이다. 이 날은 1862년 Puebla 전투에서 멕시코군이 프랑스군을 격퇴한 것을 기념하는 날이다. 그 당시 멕시코는 천연 자원과 금이 풍부했으며, 이로 인해 그 부를 착취하고자 하는 국가들에게 취약했다.

이 전투는 멕시코군보다 더 큰 규모의 프랑스 제국군을 상대로 거둔 중요한 승리였다. 멕시코군은 수적으로 아주 열세였는데, 멕시코군은 4,000명이었는 데 반해 프랑스군은 8,000명이었다. 프랑스군이 전쟁에서 패배하면서, 아메리카 대륙의 국가를 침공하려는 유럽의 그 다음 침공들은 성공하지 못했다. 그들의 성공은 멕시코인들로 하여금 아주 자랑스러움을 느끼고 국민 통합의식을 이루는 데 도움이 되었다. Cinco de Mayo는 멕시코의 국가 공휴일이 아니며 주로 미국에서 더 널리 축하되고 있다. 이 행사는 멕시코계 미국인 문화를 축하하는 것과 동의어가 되었으며 미국에선 아주 유명한 날이다.

멕시코의 독립기념일은 9월 16일인데 이 날은 멕시코 대부분의 지역에서 Cinco de Mayo보다 더 큰 휴일이다. 멕시코에서 볼 수 있는 Cinco de Mayo 행사 대부분은 멕시코의 Puebla에서 일어나는데, 이곳의 사람들은 멕시코군과 프랑스 제국군의 복장을 입고 거리를 걸으며 멕시코가 프랑스를 상대로 승리를 거둔 것을 재연한다.

2005년 George W. Bush 행정부에서 이러한 축하가 역사적 중요성으로 인해 국가 휴일로 인정되었다. 이 날, 많은 사람들은 타코, 부리토, 그리고 엔칠라다 같은 전통 멕시코 음식을 즐긴다. 매해 8,100만 파운드(약 36,800톤)의 아보카도가 미국의 Cinco de Mayo에 소비된다. 또한, 전통 멕시코 안무, 의상, 그리고 장식들이 이 기념일을 더 즐겁게 만드는 요소들이다.

· 문제 해설 ·

1 "Cinco de Mayo"는 역사적 중요성으로 인해 미국의 국가 휴일로 인정되었다.

2 Puebla 전투에서 프랑스를 상대로 승리를 거둔 것을 재연하는 것은 미국이 아닌 멕시코가 Cinco de Mayo를 즐기는 방법이므로 ④번이 정답이다.

3 1862년 Puebla 전투 당시 멕시코에는 천연 자원과 금이 풍부했다.

1 ②   2 ④   3 veteran

윤여정 오스카상 수상

73세의 베테랑 배우 윤여정 씨가 4월 26일 열린 93회 아카데미 시상식에서, 미국 영화 "미나리"에서 괴짜 할머니 순자를 묘사해낸 데에 따른 여우조연상을 받았다. 윤여정 배우는 한국인 처음으로 연기 부문에서 오스카 상을 탔다. 그 어떤 한국인 배우들도, 작년 아주 놀라운 오스카 우승 영화였던 "기생충"에 나온 배우들도 아카데미 어워즈에서 상을 받지 못했다.
윤여정 배우는 올해 혼합된 방식의 아카데미 시상식이 열린 로스엔젤레스의 Union Station에서 "저를 위해 투표해 주신 아카데미 멤버 여러분들께 아주 큰 감사를 보내 드립니다"라고 수상 소감을 발표했다. 윤여정 배우는 영화에 나온 네 명의 동료 배우들, 스티븐 연, 한예리, 앨런 킴, 그리고 노엘 케이트 조와 함께 한국계 미국인 감독인 정이삭에게도 감사를 표했다. "그는 우리의 선장이자 나의 감독이었다, 그래서 더 감사하다"고 윤여정 배우는 말했다.
영화 "미나리"는 4명의 1세대 한국 이민 가족, 즉 아버지인 제이콥(스티븐 연 분), 어머니인 모니카(한예리 분), 아들 데이비드(앨런 킴), 딸 앤(노엘 케이트 조 분)을 그린 영화이다. 이 가족은 아메리칸 드림을 좇기 위해 아칸소 주의 시골로 이사를 한다. 어느 날, 순자 할머니가 미국으로 와 두 아이들을 돌본다. 처음에 데이비드는 순자 할머니를 좋아하지 않지만, 시간을 함께 보내며 점점 할머니가 좋아진다.
윤여정 배우는 수상 소감에서 자신의 수상에 대해 겸손하게 소감을 발표했다. "나는 경쟁을 믿지 않는다. 내가 어떻게 Glenn Close를 이길 수 있었겠는가? 나는 그녀의 연기들을 아주 많이 봤다. 5명의 지명자들 모두가 그들의 영화에서 우승자다." 라고 윤 배우는 말했다. 윤여정 배우는 자신의 첫 영화 "화녀"를 이끌어 준 고 김기영 감독에 대한 감사를 표하며 수상 소감을 마쳤다. 이 영화는 1971년에 개봉했는데, 윤여정 배우는 이 영화에서 식모 명자를 연기했다.

· 문제 해설 ·

1 영화 "미나리"의 감독은 한국계 미국인인 정이삭 감독이므로 ②번이 일치하지 않는 내용이다.

2 ⓐ, ⓑ, ⓒ, ⓔ는 모두 배우 윤여정을 가리키지만 ⓓ는 Glenn Close를 가리키므로 ④번이 정답이다.

3 주어진 영영풀이는 "특정 분야나 활동에 많은 경험을 가지고 있는 사람"이라는 뜻으로 이 글에서 veteran(베테랑, 전문가)을 가리킨다.

1 ①   2 ③
3 역사적 유물을 복원하는 데 쓰는 종이로 도입했다.

문화부 한지를 상장에 사용할 예정

올해부터 문화체육관광부에서 수여하는 상장이 뽕나무로 만든 전통 종이인 '한지'로 제작될 것이다. 이는 좋은 품질에도 찾아 주는 곳이 없어 고통받는 국내 한지 산업을 돕기 위함이 목적이라고 문화체육관광부는 발표했다.
문화체육관광부는 지난달에, 2020년 10월부터 산업 전문가들이 수요를 만들어 내기 위해 어떤 방면을 찾고 있는지 알기 위해, 중앙정부와 지방정부가 참여한 한지 자문 기구를 설립했다고 밝혔다. 회의에서 전문가들은 문화체육관광부에게 한지를 상장에 사용할 것을 요청했고, 문화체육관광부는 이 아이디어를 받아들였다.
문화체육관광부에 의하면 한지는 내구성으로 유명하다. 한지는 다른 종이에 비해 쉽게 찢어지지 않는다. 2017년에 프랑스 루브르 박물관은 한지를, 닥나무로 만드는 일본의 전통 종이인 '와시'와 흔히 '라이스 페이퍼'로 알려진 중국의 전통 종이인 '슈엔'과 비교한 끝에 역사적인 유물들을 복원하는 데 쓰는 종이로 도입했다. 2016년부터 이탈리아의 "고등 보존 및 복원 기관"은 총 5가지 종류의 한지를 "문화적 유산 보수와 복원용 종이"로 인증했다.
문화체육관광부는 한지로 상장을 제작하는 데 그치지 않고 방문객용 책자같이 공공재를 제작하는 데도 사용하며, 전통 종이인 한지에 대한 사용 방법과 이해를 가능케 하는 지역별 축제와 프로그램들에 대한 홍보가 담긴 이 책자들을 각 대사관과 문화 센터에 제공할 방침이다.

· 문제 해설 ·

1 문화체육관광부에서 수여하는 상장을 한지로 제작하는 이유는 한지의 좋은 품질에도 불구하고 찾아 주는 곳이 없어 고통받는 국내 한지 산업을 돕기 위함이다.

2 한지는 다른 종이에 비해 쉽게 찢어지지 않는다는 점과 역사적인 유물들을 복원하는 데 쓰인다는 점으로 보아 빈칸에는 durability(내구성)이 들어가는 것이 적절하다.
① 유연성 / ② 역사적 중요성 / ④ 아름다움 / ⑤ 희귀성

3 2017년 프랑스 루브르 박물관은 한지를 일본의 와시와 중국의 슈엔과 비교한 끝에 역사적인 유물들을 복원하는 데 쓰는 종이로 도입했다.

1 ⑤   2 ⑤   3 A Year in Korea

국립민속박물관 20세기 물품들로 전시관 재개관

국립민속박물관에 전시된 오래된 팝 LP판, 옛날식 레코드 플레이어, 양은 도시락통을 보고 난 후 물밀듯 오는 추억에 젖을 관람객들이 있을 것이다. 이 전시품들은 2상설전시관에 전시되어 있으며, 2상설전시관은 광범위한 보수 공사 후 3월 20일에 재개관했다.

"예전에 이곳에서 진행되던 전시는 조선 시대 후기의 유물들을 보여 주는 데 주력했다. 새로운 전시는 조선 시대의 유물들뿐만 아니라 한국 근현대의 물건들 또한 보여 준다."고 국립민속박물관 선임 큐레이터 정연학 학예연구관은 코리아 헤럴드와의 인터뷰에서 위와 같이 말했다.

복고풍 물건들의 전시는 국립민속박물관을 젊은 방문객들도 즐길 수 있는 곳으로 바꾸기 위한 장기적인 비전 중 하나이다. 박물관은 이러한 전시들이 젊은 층으로 하여금 '뉴트로(새로운 복고)' 트렌드에 관심이 있도록 할 수 있다고 믿는다.

상설2전시관은 5개 부분으로 나뉘도록 바뀌었는데, 정월(음력 1월), 봄, 여름, 가을, 그리고 겨울로 나누며, "한국인의 일 년"이라는 중요한 테마 아래 복고풍 아이템들이 전시관 내 여기저기에 위치해 있다.

여름을 다루는 부분에서는 부채, 죽부인같이 조선 시대의 여름에 쓰이던 전통적인 물건들이 전시관 한 쪽에 전시되어 있다. 선풍기, 빙수 얼음기계, 20세기의 수영복들이 다른 한 쪽에 전시되어 있다.

"한국인의 일 년" 전시는 정부의 사회적 거리두기 조치에 따라 시간당 100명의 관람객들만을 들여보낸다. 예약은 국립민속박물관 웹 사이트에서 할 수 있다. 관람표는 현장에서도 구매 가능하다. 입장료는 무료이다.

· 문제 해설 ·

1 전시의 관람표는 현장에서도 구매 가능하다고 했으므로 ⑤번이 일치하지 않는 내용이다.

2 이 글에서 아날로그 TV는 전시품으로 언급되지 않았으므로 ⑤번이 정답이다.

3 이 글에서 설명하는 전시의 테마는 "A Year in Korea (한국인의 일 년)"이다.

Chapter 8

1 ②   2 ④   3 colleagues

재택근무의 장단점

현재 COVID-19 대유행 사태 속에서 대부분의 사무실 근로자들은 강제로 집에서 일을 하게 되었다. 많은 사람들은 거주지에 사무용 공간을 만들어야만 했다. 이러한 발전 속에 장점과 단점이 함께 생겨나고 있다.

재택 근무를 하는 사람들이 갖는 장점은 통근을 하지 않아 시간과 돈을 절약할 수 있고, 근로자들은 스스로의 스케줄에 따라 제일 생산적인 시간에 일을 하여 유연하고, 직원이나 동료가 없기 때문에 주의 분산이 줄어듦을 들 수 있다. 집에도 방해 요소가 있긴 하지만 그것들은 훨씬 더 조절하기 쉽다. 또한, 집에서는 일을 하다가 그들의 행복에 나쁜 영향을 준다고 느낄 때 언제든지 일을 멈추고 쉴 수 있다. 집에서 일하는 것은 노동과 삶의 균형(워라밸)을 향상시킬 수 있는데, 전문직들은 일을 하면서도 집안일 또한 할 수 있기 때문이다.

재택근무를 하는 사람들이 마주하는 단점에는 몇 가지가 있는데, 그중 가장 좋은 사례는 자제력이 아주 많이 필요하다는 것이다. 보통 일터에서 일하는 데 익숙해져 있던 사람이 집에서 일을 하게 되는 것 자체가 도전인데, 집의 환경 자체가 편안하기 때문에 재택근무의 분위기는 대부분의 직업에 부적합하다. 또한, 근로자가 동료 없이 일을 하게 되기 때문에 외로워질 수 있다. 이러한 외로움은 도와줄 사람이 하나도 없는 부재로 이어지는데, 집에서는 동료나 상사에게 도움을 요청하기 아주 어렵기 때문이고, 이로 인해 근로자들이 최선으로 일을 하지 못할 수 있다. 일과 개인의 삶을 집에서는 구분하기 어렵기 때문에, 근로자는 일을 아예 못하거나 예상 못한 초과 근무를 할 수 있다. 또 다른 단점은 집에 있는 방해 요소인데, 특히 아이들이 있다면 근로자의 근무 시간에 방해를 줄 수 있다.

· 문제 해설 ·

1 이 글에서 재택근무의 장점으로 동료들과의 갈등을 줄일 수 있다는 것은 언급되지 않았다.

2 재택근무의 장점 중 하나로, 집에 방해 요소가 있긴 하지만 그것들을 조절하기 쉽다는 내용이 되어야 자연스러우므로 ⓐ는 Although (비록 ~일지라도)가 적절하다. 또한 ⓑ는 재택근무의 단점 중 하나로, 일과 개인의 삶을 집에서는 구분하기 어렵기 때문에 근로자는 일을 아예 못하거나 예상치 못한 초과 근무를 할 수 있다는 내용이 되어야 자연스러우므로 Because (~이기 때문에)가 적절하다.

3 밑줄 친 co-workers는 "동료"라는 뜻으로 이 글에서 바꿔 쓸 수 있는 단어는 colleagues (동료)이다.

전통 음악이 최신 유행이 되다

한국의 전통 음악인 국악이 국내와 국외에서 국악을 이해하는 청취자들의 층이 넓어짐에 따라 떠오르고 있다.
지난 몇 년 동안 새로운 국악 예술 세대가 수 세기나 된 장르의 음악에 새 삶을 불어넣고 있으나, 현대 음악, 특히 k-pop이 주를 이루는 국가에서 넓은 청취자층에게 닿고자 하는 노력은 이뤄지지 않고 있었다. 그러나 최근, 국악은 전통 음악에 대한 넓은 스펙트럼을 가진 넓은 층의 청취자들의 관심을 끌고 있다. 비디오가 라디오 스타를 죽였을 지라도, 국악에게는 새로운 삶을 준 셈이다.
신세대 국악 아티스트들은 디지털 플랫폼에서 춤과 눈길을 사로잡는 시각 효과로 밀레니얼 세대들을 대상으로 하고 있다. 한국관광공사의 홍보 캠페인 영상 시리즈, "Feel the Rhythm of Korea"는 3억 회의 조회수를 기록했다. 서울, 부산, 전주, 강릉, 안동과 목포 같은 도시의 주요 관광 명소를 보여 주는 6개의 영상들은 전통적인 서술적 노래 형태인 판소리의 현대적인 해석을 특징으로 한다.
한국관광공사의 영상들에서 나온, 이날치 밴드가 판소리에서 영감을 받아 만든 기억하기 좋은 노래들이 히트를 침에 따라, 현대적인 안무로써 국악에 생명을 불어 넣은 것은 눈길을 끄는 붉은 옷을 입은 Ambiguous Dance Company의 안무가들이었다. "이거 정말 힙하다", "이렇게 한국적이면서 힙한 것은 본 적이 없다" 같은 댓글들이 이어졌다.
국악을 전달하는 새로운 트렌드는 세계의 팬들에게 K-pop이 어떻게 다가갔는지와 비슷한 모습을 보인다. K-pop은 노래에서 그치지 않고, 뮤직비디오, 무대 공연, 팬 이벤트 등으로 완벽한 경험을 만드는 그런 것이다.

· 문제 해설 ·

1 신세대 국악 아티스트들은 디지털 플랫폼에서 춤과 눈길을 사로잡는 시각 효과로 밀레니얼 세대들을 대상으로 하고 있다고 하였으므로 ②번이 일치하지 않는 내용이다.

2 주어진 문장은 "그러나 최근, 국악은 전통 음악에 대한 넓은 스펙트럼을 가진 넓은 층의 청취자들의 관심을 끌고 있다."라는 뜻으로, 앞에는 K-pop이 주를 이루는 우리나라에서 넓은 청취자층에게 닿고자 하는 노력이 이뤄지지 않고 있었다는 내용이 와야 자연스러우므로 ⓑ에 들어가는 것이 알맞다.

3 at the same time은 "동시에"라는 뜻이다.

그라피티 아티스트 존원 그의 훼손된 작품이 복원되길 바라

전시회 공동 주최자에 의하면 2명의 관람객에 의해 손상됐던 한 미국 그라피티 예술가의 예술 작품이 예술가의 요청에 의해 복원될 것으로 보인다.
"우리는 예술가에게서 자신의 작품이 복원되기를 원한다는 답장을 받았다. 우리는 다시 예술가를 설득할 것인지에 대한 논의를 할 것이다"라고 Contents Creator of Culture의 CEO이자 전시회의 공동 주최자인 강욱 CEO는 4월 6일 The Korea Herald와의 인터뷰에서 말했다.
JonOne의 "무제"라는 제목의 이 예술 작품은 지난 3월 28일 서울 롯데월드몰에서 진행된 "Street Noise" 전시회에서 젊은 커플이 실수를 하여 손상되었다. CCTV 자료는 이 커플이 전시회의 일부로 전시되어 있던 페인트 캔과 붓으로 작품 위에 붓칠을 하는 장면을 보여 준다.
이 커플은 후에 예술 작품을 손상시킬 의도는 절대 없었고 관람객들이 칠할 수 있는 참여 예술로 오해했다고 설명했다. 공동 주최자에 따르면 복원 작업에는 1천만원(8,922달러)이 들 것으로 계산된다.
"누가 예술 작품을 파손했는지 확실하기 때문에 이 커플이 비용을 청구 받을 것으로 보인다. 하지만, 이 작품이 전시회가 끝난 후에 복원되도록 결정된다면 우리는 이 문제를 어떻게 원만하게 해결할지 의논할 것이다"라고 강욱 CEO는 덧붙였다. "이 문제에는 예술가, 투자자, 전시 주최자, 수집가, 그리고 젊은 커플 등 많은 이해 당사자들이 관련되어 있다. 이는 복잡한 문제이다."라고 강욱 CEO는 말했다.
강욱 CEO는 작품 주변 바닥에 사람들에게 작품에서 거리를 두도록 하는 노란 선과 팻말이 있었다고 덧붙였다. 이 작품은 예술가가 사용했던 페인트 캔들과 붓들이 함께 놓여 있는 채로 여러 번 전시된 적이 있었으나 이번이 처음으로 손상된 사례이다. 이 예술 작품은 5억원의 가치를 가진 것으로 추산된다. 전시회는 6월 13일까지 지속된다.

· 문제 해설 ·

1 커플은 전시회의 일부로 전시되어 있던 페인트 캔과 붓을 관람객들이 칠할 수 있는 참여 예술로 오해하고 작품 위에 붓칠을 했다.

2 빈칸의 문장은 "그 예술 작품을 누가 파손했는지 확실하기 때문에 이 커플이 비용을 청구받을 것으로 보인다."라는 뜻이 되어야 자연스러우므로 Because (~이기 때문에)가 들어가는 것이 적절하다. ② 만약 ~라면 / ③ 비록 ~일지라도 / ④ 할 때까지 / ⑤ ~에 반하여

3 whether + to.v는 "~할지 말지"라는 뜻이다.

1 ④   2 ①   3 consume

점점 더 많은 한국의 스타들이 채식주의자가 되다

돼지 뱃살, 혹은 삼겹살 같은 고기 구이로 잘 알려진 한국이라는 나라가 특히 채식주의에 우호적이지 않다는 것은 비밀이 아니다. 미디어에서 유명인들이 고기에 대한 사랑을 내비치는 것은 자연스러워 보이는 반면, 자신의 채식주의 식단을 보이는 스타들은 종종 평범하지 않은 사람으로 취급을 받는다. <u>그러나 최근 몇 년 동안 채식주의를 시작한 한국 스타들의 수가 늘어 가고 있으며, 자연스럽게 그에 대해 이야기를 하고 있다.</u> 2015년 "어벤저스-에이지 오브 울트론"에 등장한 Claudia Kim의 김수현 배우는 2년 전 MBC의 '전지적 참견 시점'에서 자신이 페스카타리안(부분 채식주의자)라고 밝힌 바 있다. 부분 채식주의자라는 단어에 익숙하지 않은 프로그램 출연자들에게 김수현 배우는 "나는 유제품과 해산물을 먹는 채식주의자다. 나는 육고기를 먹지 않는다"고 설명했다.

김수현 배우는 한국에서 자신이 채식주의자로서 직면했던 어려움에 대해서 말하기도 했다. "한국에서는 회식이 주로 고기를 취급하는 식당에서 이뤄져 채식주의자로서 밥을 먹는 것이 어려웠으며, 촬영장에서 제공되는 음식들도 대부분 고기를 기반으로 한 음식들이었다. 할리우드에서는 밥을 먹기가 더 수월했는데, 음식을 제공하는 서비스(케이터링 서비스)에서 아주 넓은 범위의 음식들을 제공하기 때문이다."라고 김수현 배우는 전했다.

한편 몇몇 한국 스타들은 그들이 최근, 환경을 생각하기에 주로 채식을 먹으나 가끔씩 식단에 고기를 추가하는 채식주의자인 "플렉시테리안"이 되었다고 말한다. 지난 11월 22일, 배우이자 유튜버인 윤승아는 그린피스 서울지부에서 조직된 "고기 덜 먹기" 캠페인에 참여하며 자신이 어떻게 비건 음식을 먹기 시작했는지 다루는 영상을 올리기도 하였다. 윤승아 배우는 고기의 생산 과정에서 아주 많은 양의 이산화탄소가 배출된다는 것을 알게 된 후 이 캠페인에 참여하게 되었다고 말했다. "나는 채식주의자가 아니며 고기를 좋아한다. 하지만 고기가 우리의 환경에 끼치는 영향을 알게 된 이후로 나는 고기를 덜 먹고자 하고 있다"고 윤승아 배우는 전했다.

· 문제 해설 ·

1 pescatarian은 유제품과 해산물은 먹는 채식주의자로, 육고기는 먹지 않는다.

2 주어진 문장은 "그러나 최근 몇 년 동안 채식주의자를 시작한 한국 스타들의 수가 늘어 가고 있으며, 자연스럽게 그에 대해 이야기를 하고 있다."라는 뜻으로, 다음 문장에는 이에 대한 예시가 나오는 것이 자연스러우므로 ⓐ에 들어가는 것이 적절하다.

3 이 글에서 eat(먹다)와 바꿔 쓸 수 있는 단어는 consume(먹다)이다.

1 ⑤   2 ②

3 부적절한 영어 자막의 사용, TV 프로그램 내 비속어 사용, 의도적인 문법 오류

한국 TV 쇼에서 부적절한 언어의 사용이 증가하고 있음을 보고서에서 밝혀

대한민국 방송통신심의위원회가 지난달 제출한 보고서에 따르면 TV 방송에서 적합하지 않은 영어 자막과 비속어의 사용이 계속해서 증가하고 있다. '적합하지 않은 단어들과 표현'들이 이미 유튜브, 트위치, 그리고 아프리카 티비 같은 영상 공유 플랫폼들에서 널리 사용되고 있는 동안, 저런 단어들이 방송에 적합하다고 여겨지는 표준 한국어에서 어긋남에도, TV 프로그램들 또한 최근 몇 년 동안 그러한 단어들을 도입했다.

방송통신위원회와 연계된 방송언어특수자문위원회는 2021년 상반기에 방영되었던 지상파 방송인 KBS, MBC, SBS, 그리고 케이블 채널인 tvN과 JTBC의 유명 프로그램들을 조사했다. 보고서는 해당 프로그램들을 총 3개의 범주로 평가했는데 각각의 범주는 다음과 같다: 부적절한 영어 자막의 사용, TV프로그램 내 비속어 사용, 그리고 의도적인 문법 오류가 그것이다.

한글과 영어를 섞어서 쓰는 것을 기준으로 잡은 영어 자막 사용의 평균적인 횟수는 프로그램 편당 68.2회로 기록되었다고 보고서는 밝혔다. 이는 2019년보다 20.3배가 늘어난 숫자이고 2020년에 비해서는 11.2배가 늘어난 수치이다.

한국 TV 프로그램 편당 비속어 사용 평균 횟수는 대략 75회였다. 소셜 미디어에서 유명한 표현들, 구어적 표현, 부적절한 합성어들 또한 이 보고서에서 비속어로 분류되었다.

프로그램 콘텐츠 제작자들에 의해 인위적으로 만들어진 문법 오류는 지상파 방송사들의 프로그램 편당 11번 감지되었으며 케이블 채널에서는 47회 발견되었다고 보고서는 전했다.

"온라인 커뮤니티나 스트리머들의 영상 콘텐츠, 그리고 외국어에서 따 온 부적절한 비속어 사용들에 대한 문제들이 점점 증가하고 있다"고 방송통신심의위원회는 최근 기자회견에서 위와 같이 말했다.

그와 동시에 국내 방송에서 보여진 비속어를 포함한 단어와 표현들이 외국어로 번역돼 전 세계 시청자들에게 보여지고 있다. "번역하는 사람들은 엄격한 가이드라인이나 따라야 할 법칙이 없다. 옥스퍼드 영어 사전에 한국어 단어들이 없는 한 번역은 시청자들에게 의미를 전달하도록 만들어진다."라고 방송사의 관계자가 코리아 헤럴드에 위와 같이 전했다.

· 문제 해설 ·

1 이 글에 따르면 한국 TV 프로그램 편당 비속어 사용의 평균 횟수는 대략 75회이다.

2 빈칸 앞의 내용은 TV 프로그램들도 최근 몇 년 동안 적합하지 않은 단어들과 표현들을 도입했다는 내용이고 빈칸 뒤는 그런 단어

들이 방송에 적합하게 여겨지는 표준 한국어에 어긋난다는 내용
이므로 though (비록 ~일지라도)가 들어가야 적합하다.
① ~이기 때문에 / ③ 그래서 / ④ ~하지 않는 한 / ⑤ ~할 때까지

3 방송통신심의위원회는 지상파 방송사들과 케이블 채널의 프로그
램들을 "부적절한 영어 자막의 사용, TV 프로그램 내 비속어 사용,
의도적인 문법 오류" 이 세 가지 범주로 평가하였다.

Chapter 9

01   p.108

1 ④	2 ⑤	3 female divers, breath

제주 '해녀', FAO 농업 유산 등재

유엔식량농업기구가 한국 남쪽의 섬, 제주도에서 산소 마스크
없이 바다로 들어가 해산물을 캐 오는 독특한 양식의 어업을 하
는 여성 잠수사들을 농업 유산 중 하나로 결정했다고 전했다.
제주 해녀 어업 방식을 '전 세계적으로 중요한 농업 유산 시
스템(이하 GIAHS)'에 올리고자 하는 결정은 로마에 본부를 둔
FAO에서 3일간의 총회를 거쳐 이뤄졌다고 제주도는 말했다.
몇몇 분들은 80대인 해녀는 남부의 휴양지인 제주도에서 하루
에 7시간에서 8시간가량 일하며 1분 이상 산소 마스크 없이 숨
을 참은 채로 바다 바닥까지 내려가 조개를 캐 오는 사람들을
뜻한다.
GIAHS는 2002년 FAO에 의해 소개됐는데, 이 시스템은 지역
환경을 최대한 사용하고 생물 다양성을 보호하기 위한 친환경
적인 토지 활용 시스템에 의존하는 환경적으로 가치가 높은 농
업 방법을 보호하기 위해 만들어졌다. GIAHS는 전 세계에 60
곳 이상 지정되어 있으며, 여기에는 전라남도 청산도의 계단식
논과 제주도의 농경지를 둘러싸고 있는 화산암벽도 등재되어
있다.
2018년 12월, 제주도는 FAO GIAHS에 지원했으나 등재되
는 데는 실패한 바 있다. 제주도는 추가적인 문서들을 FAO
에 2019년 이후 세 번이나 더 접수했으나 FAO의 평가는
COVID-19 대유행 사태 때문에 계속 미뤄지다가 올해에 다시
재개됐다. 2015년, 한국은 제주도의 해녀들을 한국의 주요 어
업 유산 1호로 재정했다.

· **문제 해설** ·

1 해녀는 GIAHS에 여러 번 지원했으나 등재되는 데 실패한 바 있
다고 했으므로 ④번이 일치하지 않는 내용이다.

2 여기서 unique는 '독특한'을 뜻하므로 ⑤ unusual(특이한, 독특한)
이 정답이다.
① 값비싼 / ② 도덕적인 / ③ 긍정적인 / ④ 유용한

3 해녀는 해산물을 캐기 위해 바다 바닥으로 내려가는 여성 잠수사
이며 그들은 산소 마스크 없이 1분 이상 숨을 참을 수 있다.

02 p.110

1 ④   2 ②   3 중국

런던 국립미술관의 그림들이 국립박물관에 전시되어

영국 런던의 내셔널갤러리와 한국 국립중앙박물관이 협력한 15세기부터 20세기까지의 유럽 명화들을 전시하는 특별 전시회가 6월 2일부터 열렸다.

"영국 내셔널갤러리 명화전"이라 이름 붙여진 이 전시회는 10월 9일까지 런던 갤러리의 유명한 52개 작품들을 보여 준다. 이 전시회는 한국과 영국 사이의 외교 140주년을 축하하는데, 이는 2024년 초까지 열리기로 계획된 런던 내셔널갤러리의 아시아 투어의 일부분이기도 하다. 이 투어 전시회의 서울 부문은 5월 7일 끝난 중국 상하이 박물관에서 처음 시작된 부문 다음으로 열렸다.

여기 전시되는 작품들은 넓은 범위의 유럽 작품들을 담는데, 르네상스 시대부터 인상주의까지 다양하다. 서울 국립중앙박물관에 전시된 작품들의 주목할 만한 작가들에는 르네상스 시대의 보티첼리, 라파엘로, 그리고 티치아노, 바로크 시대의 카라바조, 푸생, 벨라스케스, 안토니 반 다이크 등이 있다. 낭만주의 화가인 프란시스코 고야와 토마스 로렌스, 램브란트의 작품 또한 에두아르 마네, 클로드 모네, 피에르 오귀스트 르누아르 같은 인상파 화가들의 작품들과 함께 보여진다. 탈인상주의 화가인 빈센트 반 고흐의 작품들 또한 전시된다.

이 특별 전시회를 위해 선택된 작품들은 내셔널갤러리의 역사를 대표하며, 몇몇 작품들은 한국에서 거의 보여지지 않은 작품들이다. 내셔널갤러리는 서구 예술의 간략한 내용을 아시아의 전시회에서 보여 주는 것을 희망한다. 전시회 입장료는 성인 18,000원, 65세 이상의 노인들은 9,000원이다. 아동, 청소년들의 입장료는 7,000원에서 15,000원까지이다

· 문제 해설 ·

1 모든 작품이 아닌 몇몇 작품들이 한국에서 거의 보여지지 않은 작품이라고 했으므로 ④번이 일치하지 않는 내용이다.

2 이 글에서 cover는 '다루다, 포함하다'의 뜻이므로 include(포함하다)와 바꿔 쓸 수 있다.
① 숨기다 / ③ 보호하다 / ④ 도착하다 / ⑤ 보장하다

3 런던 내셔널갤러리 아시아 투어의 서울 부문은 중국 상하이 박물관에서 처음 시작된 부문 다음으로 열렸다고 했으므로, 처음 열린 나라는 중국이다.

03 p.112

1 ③   2 ⑤

3 사람들에게 정확한 시간과 한 해의 절기를 알려 주는 것

조선 시대 해시계는 백성들에게 힘을 주기 위한 세종대왕의 노력의 일부였다

현대 기술의 출현 전에는 시간을 아는 것이 곧 권력이었다. 시간을 앎으로 인해 사람은 시간을 모르는 일반인들의 매일매일의 활동을 조종할 수 있었다. 시간을 알지 못하는 사람들은 순전히 해에 의존할 수밖에 없었고 궁궐에서 들리는 종소리로 일상을 구상했다.

"앙부일구"는 서기 1434년, 세종대왕의 통치 하에서 만들어진 반구형의 금속 해시계인데, 이 시계가 그런 권력을 없애 버렸다. 해시계는 해가 드리우는 그림자의 위치를 계산하여 시간을 알려 준다. 해의 위치를 이용하고 태양 주기를 측정함으로써 앙부일구는 사람들에게 시간을 정확히 알 수 있는 전에 없었던 수단을 제공했다.

일반적인 납작한 해시계와 다르게 앙부일구는 안쪽으로 패인 모양이었으며 3가지의 주요 부품들을 가지고 있었는데, "시반"이라 불린 동그랗고 오목한 시간판, "영침"이라 불렸으며 그림자를 드리우는 바늘, 그리고 받침대가 그것이다. 이순지와 장영실을 포함한 과학자들에 의해 만들어진 이 천문학 장비는 하늘을 바라보는 솥과 비슷한 특이한 설계를 가지고 있는데 이로 인해 앙부일구라는 이름을 가지게 됐다.

유교에 의하면 사람들에게 정확한 시간과 한 해의 절기를 알려 주는 것이 왕의 의무다. 해시계를 정교하게 장식하거나 시간을 읽기 위해 한자를 사용하는 대신 세종대왕은 간단함을 추구했다. 역사서는 앙부일구 2개가 12지신에 들어 있는 12마리의 동물들을 가지고 있으며 글을 읽을 수 없는 사람들도 이해할 수 있도록 만들어졌다고 말한다. 궁에 다양한 해시계들이 보관되었고 왕과 상위 외국 대사들만 쓸 수 있었지만, 세종대왕은 앙부일구를 궁 밖에 설치함으로써 백성들도 시간에 접근할 수 있게 만들었다.

· 문제 해설 ·

1 앙부일구는 일반적인 납작한 해시계와는 다르게 안쪽으로 패인 모양이라고 했으므로 ③번이 일치하지 않는 내용이다.

2 해시계를 정교하게 장식하거나 시간을 읽기 위해 한자를 쓰지 않았다는 점과, 동물 모양이 들어가 있고 글을 읽을 수 없는 사람들도 이해할 수 있도록 만들었다는 점으로 보아 simplicity (간단함)이 들어가야 자연스럽다.
① 다양함 / ② 균형 / ③ 독특함 / ④ 우아함

3 유교에 의하면 사람들에게 정확한 시간과 한 해의 절기를 알려 주는 것이 왕의 의무다.

1 ③   2 ②   3 a number of rare scenes

한국영상자료원, 근대 한국 영상 113편 공개

한국영상자료원이 1900년대 초부터 1950년대까지 한국 사회를 찍은 113개의 영상들을 공개했다. 이 영상들은 한국에 체류하는 동안 영상을 촬영했던 외국인들의 관점으로 포착된 한국 사람들의 일상생활뿐만 아니라 한반도의 자연 풍경과 도심 경관을 보여 준다. "이 보존 자료들은 기독교 선교와 교육부터 민속 부문까지 한국 역사에 관련된 다양한 분야들의 연구자들에게 좋은 참고 자료가 될 것이다"라고 한국영상자료원은 기자회견에서 말했다.

공개된 영상들 중 가장 눈에 띄는 영상은 "한국 기록 1930-1940"인데, 이 모음집들은 조선 시대 최초의 전차선을 짓는 데 도움을 줬던 캐나다인 공학자이자 사업가 James Henry Morris(1871-1942)가 찍은 것이다. Morris는 미국 철도 회사에서 일하며 한국에 왔고, 또한 외국 영화 배급사와 자동차 회사들이 한국에 진출하도록 도왔으며 종종 외교관, 선교사들과 사업 목적으로 교류했다.

2020년 캐나다 교회 연합 기록에서부터 습득한 이 영상은 5시간 이상의 재생 시간을 가지고 있으며, 여러 개의 희귀한 장면들을 담고 있다. 여기에는 미국과 캐나다 장로교 교회가 선교하는 활동들, 이화학당 50주년 축하 행사, 서울 정동에 있는 영국 대사관에서의 외교 활동 등을 포함하고 있다.

한국영상자료원이 공개한 기록물들 중에는 1900년대 초의 조선과 조선 왕실 연회 때 볼 수 있는 춤들과 축제 활동들을 담고 있는 것들도 있다. 또한 여기에는 일제강점기 동안 전통 문화를 유지해 나가는 한국인들의 영상들 또한 있다. 이 영상들은 한국영상자료원의 KMDb 모음 서비스 웹 사이트에서 볼 수 있다.

· 문제 해설 ·

1 "한국 기록 1930-1940" 모음집은 조선 시대 최초의 전차선을 짓는 데 도움을 줬던 캐나다인 공학자이자 사업가 James Henry Morris가 찍은 것이라고 했으므로 ③번이 일치하지 않는 내용이다.

2 한국영상자료원이 공개한 영상 중 조선 시대 최초의 전차선을 짓는 모습이 담긴 영상은 언급되지 않았으므로 ②번이 정답이다.

3 a number of는 '다수의, 많은'이라는 뜻이다.

1 ①   2 ①   3 1594년

이순신 장군 장검 국보 지정

조선 시대 가장 잘 알려진 해군 사령관, 이순신 장군(1545-1598)의 시가 새겨진 장도 두 자루가 국보로 지정되었다고 문화재청이 발표했다.

각각 약 2미터 길이에 5킬로그램의 무게를 가진 두 장도는 현재 충청남도 아산의 현충사에 보관되어 있다. 이 검들은 전투용보다 의전용으로 사용되었을 것이라 판단된다.

"이 두 장도는 충무공(조선 시대 위대한 장군들에게 사후 주어지는 칭호)과 연결되어 중요한 역사적 가치를 가지고 있으며, 조선 시대의 전통적인 칼을 만드는 방법 위에 일본 제작 기술이 융합된 것을 조명한다고 문화재청은 이번 선정의 이유를 설명했다. 이 장도들은 칼날의 날카로움과 내구성을 보여 주며 놀라운 예술적인 면모 또한 보인다고 문화재청은 더했다.

문화재청은 이 칼들이 아주 오래되었음에도 불구하고 아주 잘 보존되었다고 강조했다. 각 칼들의 날에는 이순신 장군께서 직접 쓴 구절이 새겨져 있다. 몇몇 구절들의 내용은 이렇다: "석자 칼로 하늘에 맹세하니 산하가 떨고", "한 번 휘둘러 쓸어버리니 피가 산하를 물들인다"

칼들의 슴베(검의 손잡이 부분)에 새겨진 글자들은 이 칼이 1594년에 만들어졌음을 보여 주고, 여기에는 칼을 만든 두 명의 대장장이들의 이름까지 새겨졌다.

공식적인 지정 전, 이 칼들을 이순신 장군의 '장검'으로 지정할 것이냐, '장도'라고 지정할 것이냐에 대한 논의가 있었는데, 이 두 단어 모두 긴 칼을 뜻한다. 문화재청은 '검'이 휘어진 칼날에 한 면에만 칼날이 있는 단어이며 '도'는 칼날이 양쪽에 다 있는 단어라고 밝혔다. 칼의 모양을 분석한 결과, 이 칼들은 '장도'로 분류되었다.

이순신 장군이 전쟁 당시 사용하였던 모자 장식품, 허리띠, 복숭아 모양의 잔 한 쌍들을 포함한 추가적인 유물들은 1963년 일괄적으로 국보로 지정되었다.

· 문제 해설 ·

1 이순신 장군의 장도는 충청남도 아산의 현충사에서 발견된 것이 아닌 그곳에 보관되어 있는 것이므로 ①번이 일치하지 않는 내용이다.

2 칼들이 상당히 오래되었다는 내용과 아주 잘 보존되었다는 내용을 이어 주어야 하므로 Despite (~에도 불구하고)가 들어가야 자연스럽다.
② ~ 때문에 / ③ ~처럼 / ④ ~ 덕분에 / ⑤ ~와 더불어

3 장도의 손잡이 부분에 새겨진 글자들이 이 칼이 1594년에 만들어졌음을 보여 준다.

Chapter 10

01

p.120

1 ⑤　　2 ②　　3 to

2022년 한류 팬 수 1억 7,800만 명

재외공관의 협력으로 한국국제교류재단이 발간한 연간 보고서에 따르면 전 세계의 활동적인 한류 팬들의 숫자가 2022년 1억 7,800만 명에 달했다. 이 수치는 한국국제교류재단이 조사를 시작한 2012년의 926만 명에서부터 18배가량 증가한 것이다. 이와 비교하여 한류 팬들의 수는 1억 7,800만 명으로, 이는 국가로 치면 세계에서 8번째로 큰 국가이며, 브라질의 인구 수에서 약간 적은 수치고 방글라데시보다 큰 정도이다.

전반적인 보고서인 "2022년 글로벌 한류 통계"는 11번째 발간된 보고서로, 전 세계의 한류를 조사한다. 가장 최근에 149개 재외공관에서 총 118개국을 대상으로 방송, 영화, K팝, 한국음식, 한국어, 뷰티와 스포츠 부문에 대해 조사했다.

대륙별로 봤을 때 한류 팬이 가장 많이 살고 있는 곳은 아시아와 오세아니아로, 해당 지역에서만 총 73.4%의 한류 팬들이 살고 있다. 중국은 8천4백3십만 명, 태국은 1천6백만 명, 그리고 베트남은 1천3백3십만 명의 한류 팬들이 있다. 유럽은 작년에 비해 팬덤 규모가 아주 크게 늘었다. 유럽에는 1천3백2십만 명의 한류 팬들이 있는데, 2021년의 수치와 비교했을 때 37%가 증가한 것이다.

한류 성장의 주요 요소는 한국 영상 콘텐츠들이 전 세계적인 플랫폼에서 성공을 보인 것과 한류 팬클럽들의 수가 증가하는 것에서 볼 수 있다. 한류 팬클럽들의 숫자는 1,684개로 증가했는데, 이는 2012년 757개였던 것에 비하면 120%의 증가가 일어난 것이다. 한국 문화에 대한 흥미에 공헌한 이유들에는 K팝의 귀에 쏙쏙 들어오는 멜로디들, 창의적인 안무와 가사에 숨어 있는 메시지들이다. 다른 요인들로는 한류의 인식된 세련된 스타일, 경제적, 문화적 발전 모델, 그리고 예절과 가족에 대한 강조가 있다.

· 문제 해설 ·

1 한류 팬클럽의 수는 2012년에 비해, 즉 10년 사이 120% 증가한 것이므로 ⑤번이 일치하지 않는 내용이다.

2 이 글에서 한국 문화의 인기 이유로 한국 배우들의 메이크업은 언급되지 않았으므로 ②번이 정답이다.

3 compare to는 "~과 비교하면"이라는 뜻이고, contribute to는 "~에 기여하다"의 뜻이다.

02

p.122

1 ④　　2 ②　　3 as long as possible

온돌: 고유한 한국의 난방 시스템

사람의 집을 데우는 데 가장 에너지를 효율적으로 쓰는 방법 중 하나는 바로 우리 발 밑에 있다. 한국인은 수천 년 동안 최소한의 연료로 요리를 하는 동시에 집을 데워 왔다.

집안의 높은 바닥인 온돌은 요리를 할 때 사용되는 불이 동시에 집을 데우는 용도로 재사용되어 달궈진다. 요리를 하거나 집을 데울 때 태워지는 연료로부터 나오는 열에너지는 바닥 밑에서 올라와 위로 전달되며 석판을 달구고, 그 석판은 점차 열에너지를 방출한다. 이 석판은 구들장이라고 부르는데, 집안에서 발이 닿는 바닥에 위치하는 이 구조물은 납작한 돌 판과 황토로 구성된다. 이 구들장은 기름 먹인 한지나 뽕나무 종이로 덮으며, 이렇게 만들어진 위로 올라오게 된 바닥은 앉거나 잘 수 있도록 방수가 되는 바닥이 된다. 온돌 바닥은 한국의 집이 들어갈 때는 신발을 벗으며, 의자나 소파 대신 따뜻한 바닥에 그냥 앉을 수 있게 하는 실내 공간을 가지게 된 이유이다.

전통 온돌방은 거실이자, 개다리소반을 들여오는 밥 먹는 곳이자, 식탁에 음식이 없어지면 식탁이 책상이 되는 도서관 혹은 공부방이 되었다. 그리고 밤이 되면 이 다목적 온돌방은 따뜻한 바닥이 있는 침실이 되었다.

온돌 바닥은 태우는 연료의 양과, '아궁이'라고 부르는 불구덩이의 입구에 들어오는 공기의 양으로 열을 조절한다. 바닥 밑에는 '고래'라고 부르는 공기의 흐름이 지나는 미로가 있다. 이 길다란 미로가 열에너지를 집 전체에 분산되게 만들며 따뜻한 공기가 가능한 한 오래 바닥 밑에 갇히도록 만든다. 제대로 만든 온돌 바닥은 바닥이 충분히 달궈지면 며칠 동안이나 따뜻하게 있을 수 있다.

· 문제 해설 ·

1 온돌방은 거실이자 밥을 먹는 곳이자 공부방, 그리고 침실이 되는 다목적 방이었으므로 ④번이 일치하지 않는 내용이다.

2 "온돌 바닥은 한국에서 집에 들어갈 때는 신발을 벗으며, 의자나 소파 대신 따뜻한 바닥에 그냥 앉을 수 있게 하는 실내 공간을 가지게 된 이유이다"라고 해야 자연스러우므로 instead of (~대신에)가 들어가는 것이 적절하다.
① ~와 더불어 / ③ ~을 포함하여 / ④ ~와 같은 / ⑤ ~ 때문에

3 as ~ as possible은 "가능한 ~한"이란 뜻이다.

03

03   p.124

1 ①   **2** burnt   **3** elections, environmental

현수막을 가방과 지갑으로 업사이클링할 예정

서울특별시가 6월 1일 지방 선거에 쓰였던 선거 현수막들이 가방과 지갑 같은 물품들로 새로 태어날 것이라고 전했다.

서울시는 각 구청과 서울재활용플라자와의 협력 아래 선거 폐현수막들을 일상 용품의 재료로 재사용하는 재활용 프로젝트를 홍보할 것이라 발표했다.

선거 기간 동안 쓰였던 폐현수막들은 보통 버려지거나 소각되는데, 이는 환경 문제를 일으킨다. 현수막들은 보통 합성 플라스틱 섬유로 제작되며, 소각될 시 온실가스나 발암 물질 같은 엄청난 양의 해로운 물질들을 내뿜는다.

3월 9일 대통령 선거에 쓰였던 폐현수막들을 예로 들면, 당시 사용된 현수막들의 90%는 쓰레기 매립지에서 처리되거나 소각되었다고 서울시는 전했다. 10% 미만의 현수막들만 보관료나 재활용 가격의 문제로 인해 쇼핑백이나 모래주머니로 재활용됐다.

서울시는 6월 지방 선거에 쓰였던 17,000개에서 20,000개 가량의 현수막들이 선거가 끝나고 버려졌으며 그 무게만 해도 12톤에 달한다고 추정했다. 서울시 관계자들은 현재 현수막을 모으고 있으며 몇 달 이내로 세탁 및 건조할 것이라고 말했다.

서울시 내 25개 구 중 중구, 용산구, 서초구를 포함한 11개구에서 서울시에서 진행 중인 업사이클링 프로젝트에 참여할 의향을 표출했다.

서울특별시 기후환경본부 유연식 본부장은 "우리는 계속 협력하여 쓰레기를 새로운 원료로서 재사용하는 방법을 찾을 것이며, 그리하여 우리의 일상생활에서 탄소중립을 이룰 것이다"라고 밝혔다.

· 문제 해설 ·

1 서울시가 업사이클링 예정인 현수막은 지방 선거에 쓰였던 현수막이므로 ①번이 일치하지 않는 내용이다.

2 이 글에서 incinerated는 '소각되다'라는 뜻으로, burnt와 유사한 단어이다.

3 서울특별시는 선거에 쓰였던 현수막을 재활용할 예정이다. 왜냐하면 그것들이 버려지거나 소각되면 여러 환경 문제를 일으키기 때문이다.

04   p.126

1 ⑤   **2** ①   **3** 김치, 비빔밥

외국인도 쉽게 이해할 수 있게 한국 음식 번역이 쉬워진다

영어에 익숙하지 않은 식당 주인들은 보쌈이나 주물럭 같은 한국 음식들의 이름을 어떻게 영어로 적절히 번역하는지 몰라 종종 향토 음식에 익숙하지 않은 외국인 손님들에게 혼란을 주기도 한다. 한국 음식의 인기가 늘어가는 가운데 이러한 문제에 대처하기 위하여, 한국관광공사는 한국 음식의 이름을 영어, 중국어, 일본어로 번역하는 새로운 기준을 출판할 예정이다. 예전에는 한국 음식의 이름을 번역하는 통합된 지침이 없어 지방 정부나 공공 기관들은 각자의 번역 방법을 생각해 냈다. 이러한 방법은 식당 주인들과 외국인 고객들에게 가끔 혼란을 가져왔다.

한국관광공사는 지난달 기자회견에서 새로운 번역 기준은 한국 음식 문화에 대해 잘 모르는 사람들에게 각 음식에 대한 쉬운 이해를 제공하는 데 집중했다고 발표했다. 음식의 이름을 직역하는 대신, 새 기준은 재료, 요리법, 맛 같은 특성을 강조하며, 번역된 내용이 오해를 일으키지 않도록 확실히 한다. 김치나 비빔밥 같이 이미 잘 알려진 음식들은 새로운 번역 기준 하에 원래 이름을 유지하며 약간의 설명이 더해진다.

"정부와 한식진흥원이 우리의 번역을 새로운 기준으로 삼는 데 동의한 것은 아주 중요한 사안이다"라고 한국관광공사 관계자는 말했다. "이 새로운 번역들은 모바일 기기를 통한 비접촉식 주문에도 적용될 것이고 우리는 K-푸드에 대한 정확하고 쉬운 이해를 위해 번역 기준들을 개정해 나갈 것"이라고도 덧붙였다. 이러한 기준 번역은 1월 중반, 한국관광공사의 음식 정보 웹사이트에서 이용 가능하게 될 것이다.

· 문제 해설 ·

1 새로운 한식 번역 기준은 한국관광공사의 음식 정보 웹 사이트에서 이용 가능하게 될 것이라고 했으므로 ⑤번이 일치하지 않는 내용이다.

2 cope with는 "대처하다"라는 뜻이고 come up with는 "생각해 내다, 제시하다"라는 의미이다.

3 김치나 비빔밥같이 이미 잘 알려진 음식들은 새로운 번역 기준 하에 원래 이름을 유지하며 약간의 설명이 더해진다.

27

문화부, 한국의 꼭 가 봐야 할 장소 추천

문화체육관광부와 한국관광공사는 2023년과 2024년 사이 꼭 방문해야 하는 한국의 관광 명소 100개를 공개했다. 이 리스트는 한국의 관광산업을 한국인들과 외국인들 모두에게 홍보하며 소개하는 목적을 가지고 매 2년마다 갱신된다. 가장 최근의 리스트는 총 61개의 문화 명소와 39개의 자연 명소를 포함했다.

지역 별로 나누면 서울에는 24개의 목적지가 등재됐고, 강원도에선 10개, 충청도에선 13개, 전라도에선 17개, 경상도에선 28개, 그리고 제주도에선 6개의 목적지가 등재됐다. 총 14개의 명소가 2013년 이 리스트가 시작된 이후 6회 연속으로 등재되었다.

새로이 정해진 명소는 서울에 있는 조선의 5개 궁궐, 제주의 올레길, 전주 한옥마을, 경주 불국사와 석굴암으로, 익히 잘 알려져 있는 목적지들이다.

총 전국 방방곡곡에 고르게 흩어져 있는 33개의 새로운 지역이 리스트에 올랐는데, 여기에는 서울숲, 창원의 여좌천, 춘천의 삼악산 호수 케이블카, 익산 왕궁리에 있는 고고학 발굴지, 그리고 통영 디피랑이 포함됐다.

한국의 여행 명소 100곳은 235곳을 대상으로 총 3단계의 심사 절차를 통해 추려졌다. 휴대폰 사용자, 내비게이션 앱, 그리고 소셜 미디어가 빅데이터를 모으는 데 사용됐으며, 교수진, 기자진, 그리고 여행 작가들이 최종 심사에 참여했다. 문화체육관광부는 실제 목적지를 가상으로 경험할 수 있는 제페토의 메타버스 플랫폼 콘텐츠 시리즈인 "Travel Hunter K"에서 선정된 지역들 여러 곳이 이름을 올렸다고 했다.

꼭 가 봐야 하는 장소에 대한 정보가 들어 있는 팸플릿은 전국에 있는 관광정보센터와 공항, KTX역에 있는 정보 부스에서 얻을 수 있다. 영어, 중국어, 일본어 버전의 팸플릿들이 빠르면 1월 중순에 나올 것이라고 한국관광공사의 마케팅 부서는 전했다. 한글본 팸플릿은 현재 Visitkorea 웹 사이트에서 온라인으로 이용 가능하다.

· 문제 해설 ·

1 한국의 여행 명소 100곳은 235곳을 대상으로 총 3단계의 심사 절차를 통해 추려낸다고 하였으므로 ④번이 일치하는 내용이다.

2 한국의 여행 명소 100곳 중 부산 해운대는 언급되지 않았으므로 ②번이 정답이다.

3 최종 심사에는 교수진, 기자진, 그리고 여행 작가들이 참여했다.

Memo

Memo

Memo

Memo

하루 한 장

초등
영어
신문

문화편